"通古察今"系列丛书

册府文津
——古代私家藏书文化研究

周少川 著

河南人民出版社

图书在版编目(CIP)数据

册府文津：古代私家藏书文化研究 / 周少川著. —郑州：河南人民出版社，2019.12(2025.3重印)
("通古察今"系列丛书)
ISBN 978-7-215-12004-4

Ⅰ. ①册… Ⅱ. ①周… Ⅲ. ①私人藏书-文化研究-中国-古代 Ⅳ. ①G258.83

中国版本图书馆CIP数据核字(2019)第271297号

河南人民出版社 出版发行
(地址：郑州市郑东新区祥盛街27号 邮政编码：450016 电话：0371-65788075)
新华书店经销　　环球东方(北京)印务有限公司印刷
开本　787mm×1092mm　　1/32　　印张　8
字数　114千
2019年12月第1版　　　　2025年3月第2次印刷

定价：58.00元

"通古察今"系列丛书编辑委员会

顾　问　刘家和　瞿林东　郑师渠　晁福林
主　任　杨共乐
副主任　李　帆
委　员（按姓氏拼音排序）
　　　　　安　然　陈　涛　董立河　杜水生　郭家宏
　　　　　侯树栋　黄国辉　姜海军　李　渊　刘林海
　　　　　罗新慧　毛瑞方　宁　欣　庞冠群　吴　琼
　　　　　张　皓　张建华　张　升　张　越　赵　贞
　　　　　郑　林　周文玖

序　言

在北京师范大学的百余年发展历程中，历史学科始终占有重要地位。经过几代人的不懈努力，今天的北京师范大学历史学院业已成为史学研究的重要基地，是国家首批博士学位一级学科授予权单位，拥有国家重点学科、博士后流动站、教育部人文社会科学重点研究基地等一系列学术平台，综合实力居全国高校历史学科前列。目前被列入国家一流大学一流学科建设行列，正在向世界一流学科迈进。在教学方面，历史学院的课程改革、教材编纂、教书育人，都取得了显著的成绩，曾荣获国家教学改革成果一等奖。在科学研究方面，同样取得了令人瞩目的成就，在出版了由白寿彝教授任总主编、被学术界誉为"20世纪中国史学的压轴之作"的多卷本《中国通史》后，一批底蕴深厚、质量高超的学术论著相继问世，如八卷本《中国文化发展史》、二十卷本"中国古代社会和政治研究丛书"、三卷本《清代理学史》、五卷本《历史文化认同与中国统一多民族国家》、二十三卷本《陈垣全集》，以及《历史视野下的中华民族精神》《中西古代历史、史学与理论比较研究》《上博简〈诗论〉研究》等，这些著作皆声誉卓著，在学界产生较大影响，得到同行普遍好评。

除上述著作外，历史学院的教师们潜心学术，以探索精神攻关，又陆续取得了众多具有原创性的成果，在历史学各分支学科的研究上连创佳绩，始终处在学科前沿。为了集中展示历史学院的这些探索性成果，我们组织编写了这套"通古察今"系列丛书。丛书所收著作多以问题为导向，集中解决古今中外历史上值得关注的重要学术问题，篇幅虽小，然问题意识明显，学术视野尤为开阔。希冀它的出版，在促进北京师范大学历史学科更好发展的同时，为学术界及至全社会贡献一批真正立得住的学术佳作。

当然，作为探索性的系列丛书，不成熟乃至疏漏之处在所难免，还望学界同人不吝赐教。

北京师范大学历史学院
北京师范大学史学理论与史学史研究中心
北京师范大学"通古察今"系列丛书编辑委员会
2019年1月

目 录

前 言 \ 1
　一、古代私家藏书的发展 \ 2
　二、古代私家藏书的措理之术 \ 5
　三、古代私家藏书的文化意蕴 \ 11

第一章　古代私家藏书的类型 \ 17
　一、收藏为著述的藏书类型 \ 20
　二、收藏为校勘的藏书类型 \ 25
　三、收藏为博采的藏书类型 \ 32
　四、收藏为贩贾的藏书类型 \ 37

第二章　社会政治环境与藏书盛衰 \ 46
　一、政治昌明促进藏书兴盛 \ 47

二、战争兵燹导致藏书焚毁 \ 51

三、政治严酷引发藏书禁毁 \ 59

第三章　学术文化风尚与典籍传藏 \ 66

一、春秋战国百家争鸣与藏书初兴 \ 67

二、明代市民文化影响下的藏书倾向 \ 70

三、清代朴学考据与藏书风气 \ 78

第四章　文化情结与藏书心态 \ 85

一、文化认同的心理 \ 86

二、以读书为乐的意识 \ 88

三、"遗金满籝，不如一经"的心态 \ 91

四、藏书私密、祈求永保的心态 \ 94

五、藏书公开的心态 \ 98

六、其他一些藏书心态 \ 106

第五章　古代私家藏书揩理之术 \ 111

一、古籍受损的主要自然危害 \ 113

二、古代私家藏书的古籍保护 \ 118

三、余论 \ 127

第六章 藏书楼：册府的构建与命名 \ 129

一、藏书楼的实构与虚拟 \ 131

二、藏书楼的命名 \ 137

第七章 藏书章：一方自我的天地 \ 147

一、以印主名号入印 \ 147

二、以印主里爵入印 \ 148

三、以鉴赏标志入印 \ 150

四、以箴言警句入印 \ 151

五、以杂记内容入印 \ 157

第八章 宋代私家藏书的发展 \ 161

一、宋代私家藏书的聚散 \ 162

二、宋代私家藏书的特点 \ 176

第九章 元代私家藏书的渐进 \ 184

一、元代私家藏书概况 \ 184

二、元代私家藏书的特点 \ 190

三、元代私家藏书的贡献 \ 194

第十章 清代私家藏书文化习俗 \ 199

第十一章　黄丕烈对古籍的收藏与整理 \ 209

一、藏书：保存遗产发挥学术作用 \ 209

二、校勘：剔除谬误以求古籍之真 \ 218

三、编目、题跋：鉴定版本追述授受源流 \ 224

第十二章　丁日昌与持静斋藏书 \ 231

一、丁日昌的藏书 \ 231

二、持静斋藏书目录的学术价值 \ 239

前言

我国藏书的起源,可以上溯到殷商时代,距今已有3600多年的历史。"书籍是人类进步的阶梯",中国作为世界文明大国中书籍数量最多的国家,其绵延悠久的历史文明,是与书籍的收集储备、流传和利用分不开的,因此,中国古代的藏书文化是中国传统文化极为重要的组成部分。

中国古代藏书文化分为四大系统:一是官府藏书,二是寺观藏书,三是书院藏书,四是私家藏书。前三种藏书系统都可归属于公家藏书体系,藏书作为集体的共有财产而存在,收藏管理的主体只有保管的责任而不真正拥有,因此他们往往不能贯穿典籍的访求、收藏、校勘、保管、流通等环节,大多数公家藏书不能像私家藏书那样用情于书并积淀起丰厚的文化内涵。这是我们要集中探讨古代私家藏书文化的原因。

一、古代私家藏书的发展

中国古代私家藏书的发展过程大致可分为三个阶段。第一阶段可称为成长期,始于春秋末期,到东汉结束。虽然古代最早的藏书可以追溯至殷商时期,但它实际上是公家藏书。因为在那时,学术内容尚处于萌芽阶段,都掌控在官府手里,私人是没有能力藏书的,且那时候的制书工艺很复杂,私人没有生产力来制造图书。这也是"学术官守、学在官府"的一个现象。到了春秋后期,周王室势微,诸侯纷起,争权夺霸,出现"诸子学说"。孔子这位当时著名的学问家和教育家,要整理六经、教授门生,就需要有一些图书的收藏,所以孔子可以说是我们在文献上能看到的第一个私人藏书家。《庄子》的《天道篇》对孔子的藏书有一些记载,更准确的记载是在《史记·孔子世家》里。除孔子之外,还有一些诸子的藏书也是比较突出的,如墨家创始人墨子和名家创始人惠施,以及纵横家苏秦。

西汉建国以后,文化建设逐渐兴起,中央藏书机构去民间大力搜罗图书,但私人藏书还是比较薄弱。私人藏书主要集中在两类人手中,一是有权势的诸侯王,一是有学问的士大夫和官员。诸侯宗室比较有代表性的人物,一是河间献王刘德,他的私人藏书是当时最有名的,还有一位是淮南王刘安,他的藏书主要是一些文学类的,所以史书上记载他的藏书不如刘德好。当时有一批学问家也是官员,像贾谊、司马相如、朱买臣、扬雄,都有一定的藏书,数量也不少。到了西汉后期,由于私人藏书的需求,开始出现一些图书的买卖市场,叫作"书肆"。东汉时期有一批有名的藏书家,是经学家杜林、史学家班固、医学家华佗、文学家蔡邕。

第二个时期是发展期,从魏晋南北朝到隋唐。这个时期有一个大事件促进了私家藏书的发展,即纸的普及。东汉蔡伦造纸最大的功劳就是把纸做成可以写字的、比较精细的纸张,纸到了魏晋南北朝的时候逐渐普及开来。这促进了图书生产,进而给藏书家提供了丰富的资源。这一时期私人藏书的收集有一个特点,就是很多藏书家靠抄书来收集自己的图书。

发展期的私人藏书,藏书家的人数越来越多,藏书这种文化现象已经推广到官僚士大夫阶层。此外，古代私家藏书的一些保护手段和方法，包括藏书的意识，都发生在这一时期，如藏书楼、藏书印的出现。藏书家知道藏书要分等级，把书按照书品的好坏分为上、中、下三等。另外，出现了私人的藏书目录，这说明藏书数量已积累到一定程度，若不编目就会查找困难了。现在从史书上能够看到的最早的私人藏书目是南朝梁的任昉。到唐朝时，私人藏书目更多了，藏书的意识和观念也出现了分化，或开放，或私密，这是两种对立的图书收藏观念。

第三个时期是古代私家藏书的兴盛期，从宋朝到清朝末年。这个时期的一大变化是宋朝雕版印刷的普及与发展。以前图书生产是靠手工抄写，生产速度很慢，到了北宋以后，雕版印刷逐渐普及，流通数量大大增加，给私人藏书提供了很多资源。这个时期，私人藏书已成为社会上一个普遍的文化现象，藏书家人数大增。

二、古代私家藏书的措理之术

措理就是管理、保护。古代藏书家，经过长期的藏书实践，积累了很多管理、保护图书的经验和方法，一些藏书家和文献学家就把这些方法给记录下来，形成一些专门的著作。比如南宋时期就有郑樵的《通志·校雠略》；明朝时期有祁承㸁的《澹生堂藏书约》，澹生堂是他的藏书楼号；到了清朝又有两部专著，一是清前期的孙从添的《藏书纪要》，一是清后期湖南藏书家叶德辉的《藏书十约》。这些书都是介绍古代藏书家藏书经验的专著，当然还有一些分散在其他著作里的论述。

藏书家的措理之术首先是要收聚图书，也就是怎么去访求这些书。有些书很宝贵，不是随便就能找到的，而是藏书人辛辛苦苦找到之后，才给它收入囊中。如南宋郑樵提出"求书八法"，根据图书的内容去找相关部门或相关职业，或根据这本书产生的地方、记载的地方，到某个地区去找书，总共有八个方法。清代孙从添在《藏书纪要》里则讲了购书的"六难"，从相反方面给大家提供一种克服这些困难的方法，以便访书购书时能起到事半功倍的作用。

收集图书除了要会找，还要会鉴别。古代藏书家特别讲究在收书过程中鉴别图书，现在很普遍的造假现象，古时候也有，特别是伪造古书。到了明清时，这种事情就经常出现了。比如拿新书到炉火上，微微烤一烤，让书页变黄，变得稍微脆一点，显得好像是一部古书；还有一些人拿铁丝烧红了以后在书册上刺好多洞，再把这些洞磨平，看上去好像是虫蛀一样，说这是一部旧书。总之作伪的图书很多，所以在买书时就需要鉴别。

另外，宋版书和清版书价钱差距很大，现在一页宋版书就可以卖三万块钱，当然在清朝的时候宋版书也是价值不菲的，所以要判断这是宋版书还是清版书，要有慧眼来识破它。清朝就有很多藏书家下功夫来钻研鉴定版本的方法和技术，在清朝藏书家的很多藏书志、藏书题跋里，他们都会记载鉴别图书的经验。如清代中期的大藏书家黄丕烈，就是当时非常有名的版本鉴定专家，他的《士礼居藏书题跋记》里记载了很多如何鉴定宋版书、元版书、道藏书、铜版书等等的一些经验，比如如何运用避讳、版式、书口、纸质、字体、木记这些办法来鉴定古籍。避讳是中国古代的习俗，外国不大有，像宋朝出版的书肯定不敢提宋朝皇帝的名字，因此如果它有避宋朝皇帝名讳，就有可能是宋版书。

还可以看书的版式，以及纸张，很多书纸的质量不一样，有用麻纸做的、有用竹纸做的、有用棉纸做的。还有从字体上来鉴别的，比如宋版书喜欢用欧体，也有用柳体的，但是元版书一般就用赵孟頫的赵体字，到明朝初年的书也比较多的用赵体字，清朝的书则较多是宋体字。还有一种就是看木记。这些都是版本学的知识，所以鉴定、鉴别是收聚的一个重要环节。

措理之术第二点，是私藏家怎么保藏图书。

我们现在大概能够统计出来从古流传到今的古籍有十几万种，很多古代典籍是在流传的过程中逐渐散佚了。这里面有很多原因，有些原因是藏书家自己无法避免的，比如朝廷的禁书、战争中兵火的损坏。藏书家能够避免的主要就是一些自然因素，自然因素中有三大害，分别是火、水、虫，他们在藏书的过程中积累了一些这方面的经验。

第一个方面,是如何防水。清代叶德辉在《藏书十约》中记载了防水的四个办法,一是盖高楼,二是远宅居,三是注意排水、排湿,四是经常开窗通风。

第二个方面,是如何防火。史书上记载,汉代藏书家曹曾盖了一个石头屋子叫"石仓藏书",把书搁到石头屋里;明朝藏书家虞守愚则是在一个湖中央的小岛上盖一个藏书楼;还有一个办法就是通过严格的禁令来控制火灾的危害,这就是明朝宁波天一阁的方法。

第三个方面,就是如何防虫蛀,这在历代都有记载,如西汉刘向就有关于"杀青"的办法,三国鱼豢的《典略》、北魏贾思勰的科技著作《齐民要术》也都记载了一些防虫防霉的办法,如染纸避蠹,以及用药物来避蠹。《典略》记载,在书库里搁一些药材,或搁上一些木炭、石灰,这样既可以防潮又可以驱赶蛀虫。《典略》还记载说,有一种草叫芸草,能够驱虫,因此藏书台常有芸草,古时候藏书台也称为芸台。还有一种办法就是在糨糊里调上一些药,因为在装订古籍的时候,粘封面要用到糨糊,那么在糨糊里边调上药物也能起到驱虫避蠹的作用。

最后一种办法就是曝书,也即定期来晒书。曝书的办法最早可在《穆天子传》中看到，虽然这个书带有点神话色彩，但是它也提到周朝周穆王就曾经有曝书的举动了。到了唐宋，曝书形成了一种制度，每年到固定的季节，公家都会举行曝书会，把这个藏书拿出来晒晒太阳，一可以祛除湿气，二可以晒死虫卵。在开曝书会的时候，还会请一些士大夫、读书人一起来鉴赏、讨论图书，形成一种制度。《齐民要术》也记载了曝书的方法，说北方大概在农历五月到七月之间，在大屋檐下不见日的地方来晾晒典籍。而南方晒书的时节有所不同，叶德辉《藏书十约》记载说南方晒书应该在八九月间，秋高气爽的时候。

措理之术第三点，是私家藏书要怎么管理。

私家藏书的管理首先是要爱惜图书。宋朝史学家司马光同时也是一个藏书家，他讲究图书管理的第一原则就是要"宝惜图书"，他说看书的时候要注意"几案洁净""承以方版"，还有特别讲究的是不能"以指爪撮起"。元朝书画名家、藏书家赵孟頫，也说首先要对图书怀有敬意，看书的时候要"净几焚香"，"勿卷脑，勿折角""勿以爪侵字""勿以唾揭幅""勿以作枕""勿以夹刺"，然后"随损随修，随开随掩"。这些要求中前面讲究的是要防止看书时候的一些不良习惯，后面讲的是要随时保护。古时候的藏书家都会注意给书进行装帧，装帧也大有讲究，如孙从添说"糊裱宜夏，折订宜春"。另外藏书还要讲究陈列，要有秩序地陈列，跟兵家一样，排兵布阵有章有法，且最好给图书编一个目录，按照目录来排列图书，这样找书就容易了。

藏书的管理还涉及一个究竟是封闭还是流通的问题，有不少藏书家是主张封闭式藏书的，天一阁能够流传四百多年，图书都不会分散，一个重要的经验就是图书私密，采取封闭式藏书——老祖宗范钦给子孙定下一个规定就是说"代不分书，书不出阁"。很多藏书家都有这个习惯，当然这个习惯有好处也有坏处，好处是对图书的保护可能有一定的作用，坏处就是图书的利用率不高。因此，历代都有藏书家力图克服封闭式图书的弊病，如清朝初年藏书家曹溶，就提倡一种图书流通的办法，他拟定了一个《流通古书约》，和一帮书友相约图书"有无交易"，另外在有钱的时候，争取能够把古书刻印，"成就古人"为古书续命，因为有些珍稀古籍就剩一两本的话，很快就灭绝了，如果能够刻印成几百本几千本,它的寿命就延长了。图书开放,做得最好的是清朝末年藏书家徐树兰,他在绍兴盖了一个藏书楼叫古越藏书楼,这个藏书楼的管理仿照近代图书馆的管理方法,完全开放,它藏书十几万卷,还专门制定了一个古越藏书楼的章程,所以古越藏书楼可以说是古代藏书楼向近代公共图书馆过渡的一个中间环节,是一个很有代表性的开放式藏书楼。

三、古代私家藏书的文化意蕴

我们不仅要研究藏书史,还要研究蕴藏在里面的藏书文化,所谓文化实际上就是长期积累起来的一些礼仪、习俗和习惯。第一就是藏书楼和藏书章。古时候藏书比较少,藏书楼就无从谈起,慢慢积攒到一定数量以后,在北齐就出现了藏书楼,到了明清,藏书家数量众多,且藏书规模越来越大,所以在江南一带就曾经出现书楼的壮观场面。关于藏书楼如何选址,结构是什么样,要盖多大的规模,藏书家都有讲究,其中特别带有文化意味的就是藏书楼号的命取。藏书楼的名称能够反映出这个藏书家的藏书志向、兴趣和爱好。有些藏书家称呼他的藏书楼为"尊经阁"或"读书堂",反映出他爱读书,或崇敬经典这样的志向。有些藏书家给藏书楼起名字则比较喜欢"夸奇斗富",就是炫耀藏书特别厉害,如有人叫他的藏书楼"万卷堂",还有"十万卷堂",甚至有人就叫"五十万卷堂"。还有一些书楼的名字是用来表示他藏书的精良的。如黄丕烈的藏书楼号叫"百宋一廛",意思是一百部宋版书藏到一个屋子里,实际上他曾经收藏过两百多部宋版书,"百宋一廛"是一个楼号。有一个和黄丕烈同时代的藏书家叫吴骞,他的藏书楼号叫"千元十驾",典故出自荀子《劝学篇》,"驽马十驾,功在不舍",表示一种锲而不舍、赶超的心情。黄丕烈看了这个"千元十驾"以后也很高兴,他写了一首诗说"千元百宋竞相夸,引得吴人道是娃"[1]。

藏书家藏书还有一个重要的习俗,就是藏书章,每一个藏书家都有几方藏书章,甚至有些人有一两百个藏书章。藏书章最早的作用是为了表示对这个图书的所有权,但后来随着藏书文化的发展,藏书章的内

---

[1] 娃:黄丕烈自注曰:"谓好曰娃,见《说文》。"许慎的《说文解字》卷十二下《女部·娃》:"或曰吴楚之间谓好曰娃。"

容越来越丰富，经常用来表达藏书人的一种心态和志向，甚至宣泄一些情绪，所以藏书章就越来越多，而且内容越来越丰富。清朝后期有个藏书家叫杨继振，喜欢在他的藏书上盖满藏书章，所以他的藏书是"钤朱累累"。少量的藏书印可以达到一种美的效果，但如果你盖得很多就会影响对书的内容的阅读，所以叶德辉就批评杨继振这种"钤朱累累"的做法，认为这是"美人黥面""佛头着粪"，煞风景的事情。叶德辉主张藏书章要"去闲文"，"寻隙处"。

藏书章的印文也是反映藏书家思想和文化意蕴的一个很重要的地方。印文的内容分为：以姓名字号来入印，这是最简单的。以印主的里爵来入印。还有一种办法是比较有学术价值的，以鉴赏的标志来入印，如明末清初藏书家、汲古阁主人毛晋，他把书鉴定为宋版书以后，会盖上"宋本"二字，元版书他会盖上"元本"二字，这就给后人鉴别版本提供了一种依据。比较多的一种形式是以箴言警句来入印，表达自己的一种志向和爱好。如毛晋有一个印叫"开卷一乐"，表示他读书的心情；清代藏书家席鉴有一个印叫"学然后知不足"；清初学者黄宗羲的印文说"难不忘携，贫不忘买，老不忘读，子子孙孙，鉴此心曲"等。还有的是对子孙后代很严厉的教训，如清代藏书家王昶有一章印，印文说"如不材，敢卖弃，是非人，犬豕类，屏出族，加鞭箠"，措辞非常严厉。

古代藏书家经过长期的文化积淀形成一些藏书的习俗，有些我们现在看来很古怪离奇，但反映了他们爱书惜书这种深厚的感情。这类习俗嗜好里，第一就是绘画。古人得到一部稀见的书，经常要绘画，好多藏书家有这个习惯，如毛晋和黄丕烈。第二就是征诗，得了好书以后招朋唤友，大家聚在一起作诗唱和，来吟诵这本书，或述得书过程的艰辛、离奇。黄丕烈就有唱和诗，在他的《士礼居藏书题跋记》里有二十多首藏书的诗，记载他得书的艰辛。其实藏书征诗的这个习俗在宋朝就有了，南宋诗人陆游，就有不少藏书和读书的诗。第三个习惯就是有赛书会，温汝遂在《剑光楼笔记》就记载了清朝时候广州的一个赛书会。总的来说，古代私人藏书的藏书家有一个共同特点，就是爱书到了一种痴迷的程度。很多藏书家自称为"书痴"，如陆游，还有黄丕烈自称"书魔"，孙从添自称"老蠹鱼"，这都反映了藏书家用情于书、执着专注的感情。

前　言

为什么私家藏书人会舍生忘死，甚至抛家弃业来收藏图书？我想一是出于文化认同的心理。中华民族历来有热爱历史的优良传统，所以很多学者和藏书家可以说是基于对民族文化的信仰和弘扬民族文化的想法，把藏书事业推向高潮。二是就是以读书为乐的意识，这是一种没有功利色彩的心境，很多人在命运不济的时候，都在读书中寻求到了心灵的安静和快乐。三是就是把书作为一种财产来留给后人，所谓"遗金满籝，不如一经"的心态，与其留给子孙金银财宝，让他可能学坏，不如传书给他，还能通过读书增加修养，做一个高雅的人。不过也存在一些不好的心态，诸如"附庸风雅""藏书消闲""藏书养老"等。

中国古代私家藏书有两个重要的文化贡献。一是保存和传播文化遗产。私家藏书是公家藏书的补给库，每一次改朝换代，中央政权的藏书遭到破坏后，都是到民间搜集藏书；而且当公家藏书流散四方的时候，民间藏书都是一个巨大的容纳库，把公家藏书收容进来。所以，政府往往是依靠民间藏书来恢复和重建公藏的。此外，宋朝以后，很多藏书家都利用自己的藏书来刻书印书，增加了图书的流传，挽救了很多濒临灭绝的孤本和珍稀本。二是促进了文献整理研究和各门学术。很多学者都是通过藏书来成就学问的,特别是明清以后,在藏书整理的过程中,形成一门特殊学科叫古文献学,包括目录学、版本学、校勘学、辨伪学、辑佚学,这些都是私家藏书文化的功劳。

第一章 古代私家藏书的类型

中国古代私家藏书历史悠久，在私家藏书文化漫长的发展进程中，藏书功能逐渐由单一演变为多元，由于藏书家各自藏书目的和情趣的不同，从而形成了一些相对可以区分的类型。说他们相对可以区分，是为了表明，某一类型的藏书家虽然以某种藏书情趣为主要目的，但是他们仍然或多或少地保存其他一些藏书情趣。各类型藏书家的藏书情趣不是单一的，但却有主次之分。分析不同的私家藏书类型，有助于把握不同藏书家在藏书文化中的定位，准确认识各类型藏书家的贡献。

宋以前私家藏书人数不多，因而人们尚未考虑到对藏书家的类型加以分别。宋代私家藏书勃兴，至明代有持续的发展，宋人已有将书画收藏家分为鉴赏和好事家二类，明代学者胡应麟把这个概念推而广之，引入藏书家的分类中，他说："画家有鉴赏、有好事，藏书亦有二家。列架连窗，牙标锦轴，务为美观，触手如新，好事家类也。枕席经史，沈湎青缃，却扫闭关，蠹鱼岁月，赏鉴家类也。至收罗宋刻，一卷数金，列于图绘者，雅尚可耳，岂所谓藏书哉？"[1]胡应麟将藏书类型仅分为专事收藏的好事家和专事甄别的鉴赏家，虽然也提到了一种附庸风雅的"雅尚者"，但还是很不全面。

清代中期学者洪亮吉对这个问题有更为详细的论述，他说：

> 藏书有数等，得一书必推求本原，是正缺失，是谓考订家，如钱少詹大昕，戴吉士震诸人是也；次则辨其板片，注其错讹，是谓校雠家，如卢学士文弨，翁阁学方纲诸人是也；次则搜采异本，上则补石室金匮之遗亡，下可备通人博士之浏览，是谓收藏家，如鄞县范氏之天一阁，钱塘吴氏之

---

[1] 胡应麟：《少室山房笔丛·经籍会通》，文渊阁《四库全书》本，上海古籍出版社1987年版。

第一章 古代私家藏书的类型

瓶花斋,昆山徐氏之传是楼诸家是也;次则第求精本,独嗜宋刻,作者之旨意纵未尽窥,而刻书之年月最所深悉,是谓赏鉴家,如吴门黄主事丕烈,邹镇鲍处士廷博诸人是也;又次则于旧家中落者,贱售其所藏,富室嗜书者,要求其善价,眼别真赝,心知古今,闽本、蜀本一不得欺,宋椠、元椠见而即识,是谓掠贩家,如吴门之钱景开、陶五柳,湖州之施汉英诸书估是也。[1]

洪氏在这段论述中以当时的一些藏书家为例,分私家藏书为高下数等,且不论有些等级其实有难分轩轾之处,就其各等列举人物的归属,怕也不尽确切。但是洪亮吉对私家藏书的分类,确实比胡应麟大大前进了一步,不仅区分更为细密,而且相对来说是比较准确合理的。

清末学者叶德辉对洪亮吉的分类有不尽同意之处,他把考订家和校雠家合称为著述家,如王士禛、朱彝尊等;他又把以刻书为事的藏书家称为校勘家,

---

[1] 洪亮吉:《北江诗话》卷三,清光绪间刻本。

如毛晋等人；最后又将钱曾、季振宜等只注意收藏、赏识的藏书家称赏鉴家。

以上三位学者对私家藏书的区分，表明当时人们已经认识到，私家藏书收藏的目的和对藏书的利用是不尽相同的。他们不仅有所觉察而且就此作了不同的解释和分类。应该说，在这三种分类体系中，洪亮吉分考订、校雠、收藏、鉴赏、掠贩五类较为周详，但也有值得修正之处。如其所言考订终需通过著述表达出来，且应该看到，早期藏书家就是利用藏书著书立说的，故认为这一类藏书家收藏为著述比较合理。至于他所说的校雠，实际上指的就是校勘。而收藏、赏鉴类其实指的是同一种类型的藏书家，他们广采异本，以备鉴赏浏览，为收藏而收藏，故可统称之为博采家。据此，以古代私家藏书对图书的利用而论，可分为著述、校勘、博采、贩贾等数种类型。

一、收藏为著述的藏书类型

追溯私家藏书的渊源，其实最早的私人藏书家都是为了著述才进行收藏的。所谓"拥书百城，学问自成"；濡染既深，腹储渐富。因而宏通博学的学者，家中实多缥缃之贮。先秦诸子自不待言，汉唐鸿儒大师，也多是饱学之士，往往富有藏书。宋代书籍增多，藏书功能向多元化发展，但仍有不少藏书家以著述为目的进行收藏。仅以史学界为例，大史学家司马光的"读书堂"藏文史书万余卷，"一室萧然，图书盈几……又以圆木为警枕，小睡则枕转而觉，复起读书"[1]。他一生读书治史，孜孜不倦，老而不厌，成就了史学巨著《资治通鉴》。与司马光一起修史的刘恕为了协助司马光编撰《资治通鉴》，不仅充分利用自己的藏书，还经常到别的藏书家家中查书、抄书，史载"遇史事纷错难治，辄以诿恕求书，不远数百里，身就之读且钞，殆忘寝食"[2]。宋敏求家多书，刘恕专程前往抄阅，留旬日，昼夜口诵手抄，直至"目为之翳"。南宋史学家李焘仿司马光《资治通鉴》之例，采北宋九朝事迹，网罗收拾垂四十年，成《续资治通鉴长编》1063卷。周必大在《李焘神道碑》中说他"性无嗜好，惟潜心经史"，"所至求奥篇隐帙，传录雠校，虽阴阳小说亦无

---

[1] 顾栋高：《司马温公年谱》，民国六年（1917）刻本。
[2] 脱脱：《宋史》卷四四四《文苑传六》，中华书局1977年版。

遗者，家藏积数万卷"。[1]

明代收藏为著述的藏书家数量也不少，如前期的杨士奇、叶盛、朱存理、文徵明；中期的唐顺之，堪称文学一大宗，王世贞则为倡导文学复古运动的领袖，学者胡应麟是著名文献学家、文学家；后期则有如焦竑、祁承㸁、徐𤊹、曹学佺等。胡应麟本人注意藏书为著述服务，而且对此大为提倡，他说："夫书好而弗力，犹亡好也；夫书聚而弗读，犹亡聚也；夫书好而聚，聚而必散，势也。""益愈见聚者之弗可亡，读也。"[2]他认为藏书不读不用，就跟不藏书一样；藏书容易散佚，但如果藏书能读，能化为自己的思想和著作，那么藏书就是亡而犹存。所以他身体力行，"穷四部之籍，以勤成乎一家之启"，"间以余力游刃，发之乎诗若文"。[3]

就清代而言，清初江南文坛盟主钱谦益，学术宗师黄宗羲，及至戴震、朱彝尊、王士禛、翁方纲等学

---

[1] 残本《永乐大典》卷一〇四二一，国家图书馆藏摄影本。

[2] 胡应麟：《少室山房笔丛·经籍会通》，文渊阁《四库全书》本，上海古籍出版社1987年版。

[3] 王世贞：《二西山房记》，清刻本。

第一章 古代私家藏书的类型

者,都属于著述型的藏书家。这类藏书家虽然也注重书籍善本,但并不刻意追求,收罗比较杂,藏书为著述考订而用。因此他们的藏书常常会随着研究兴趣的变换而更替,藏书的数量不会特别多,当然,钱谦益的绛云楼是个例外。乾嘉时期的学者严可均,曾作文介绍自己的藏书,这段话颇能说明著述类藏书的目的。他说:

> 余家贫,不能多聚书。顾自周秦汉,以逮北宋,苟为撰述之所必需,亦略皆有之,南宋以下,寥寥焉。非不欲也,力不足也。四十年来,南游岭海,北出塞垣,遇稀有之本,必请缮写,或肯售,即典衣不吝。今插架仅二万卷,不全不备。以检近代诸家书目,如世善堂、天一阁、万卷楼、世学楼、传是楼、曝书亭及同时同好如鲁孔氏、闽张氏、汉阳叶氏、阳湖孙氏、绩溪方氏,以至石刻之本,异国之本,道释之藏,彼有而余无者多矣;彼无而余有者亦不少也。黄氏丕烈聚书多宋本,余与之交,不敢效之。书非骨董,未得宋本,得校宋本,

足供撰述可耳。[1]

严氏一生著述甚丰,主要著作有《说文声类》《说文校议》《铁桥漫稿》《唐石经注文》等,而影响最大的是他费27年时间辑成的《全上古三代秦汉三国六朝文》,这部总集共746卷,收上古至六朝的文学作品,作者达3497人,每人均附有小传,是一项巨大的工程,严氏数量不多的藏书之所以"自周秦汉,以逮北宋,苟为撰述之所必需,亦略皆有之,南宋以下,寥寥焉",正是为撰述所需而收藏的。这种"足供撰述可耳"之意向,便是著述类藏书家的藏书目的。严氏不敢仿效黄丕烈聚宋版书的做法,未得宋本,得校宋本足矣。正反映了这类藏书家不重书籍外部形式,重书籍内容的显著特点。

著述类藏书家以藏书供读、藏书为用的方法,不仅表现在他们利用藏书,撰写各种专著,而且表现在他们的读书笔记和题跋上,例如清代周中孚的《郑堂读书记》、李慈铭的《越漫堂读书记》、钱大昕的《十

---

[1] 严可均:《铁桥漫稿·书葛香士林书屋藏书图后》,清光绪十一年刻本版。

驾斋养新录》及大批题跋,都是针对书籍内容和各种学术问题进行考订和研究的著述,对学术界影响甚大,这也是他们利用藏书区别于其他藏家的重要方面。

二、收藏为校勘的藏书类型

校勘是藏书的必行之道,近代史学大师陈垣先生说:"校勘为读史先务,日读误书而不知,未为善学也。"[1]大凡私家藏书,都是注意校勘的,但是这些校勘又有两种情况:一种是把校勘作为藏书整理的一个重要环节,大多数藏书家为了提高自己藏书的质量,就要勤勉校书。在有关藏书家的材料中,经常有"藏书万卷,朝夕雠校",或"喜藏异书,手自校雠"的记载,这反映的就是藏书家的校勘。古代藏书家很早就注意通过校勘提高藏书质量,如《梁书·南平王伟传》说宗室萧静博学好文,"散书满席,手自雠校";《南史·孔休源传》说梁朝孔休源"聚书盈七千余卷,手自校练"。清初藏书家孙庆增著《藏书纪要》,清末藏书家叶德辉

---

[1] 陈垣:《通鉴胡注表微·校勘篇》,辽宁教育出版社1997年版。

作《藏书十约》，都对藏书的校勘作了专门的论述，可见他们都把校勘古书的工作，看成藏书的必要条件。另一种是校勘家兼藏书家的校勘，他们以藏书服务于校勘，这就是此处将要分析的收藏为校勘的藏书类型。

古代校勘学家利用自己的藏书进行校勘之事例，有很早的记载。如《别录》佚文就有多处提到刘向利用自己的藏书校中秘书。古代校勘学和私家藏书到宋代同步进入了兴盛时期，宋代大藏书家中以藏书用于校勘的如宋绶、宋敏求父子，郑樵、晁公武、陈振孙等人。宋氏父子的校勘提供了大批善本，通过校勘编选了《刘梦得外集》《孟东野集》《李卫公别集》等唐人诗文集，还总结了一些校勘理论。郑、晁、陈三人分别通过校勘编撰了重要目录，郑樵写成了第一部文献学理论专著《通志·校雠略》。司马光和刘恕等人则通过校勘考史，《通鉴考异》三十卷中保留了他们许多校书的成果；南宋史学家李焘也是"传录雠校"，在藏书的基础上写出了《续资治通鉴长编》。元代藏书家岳浚更是运用家藏书校刻了《九经三传》，并以《刊正

九经三传沿革例》总结了这次校勘的经验[1]。清人钱吉泰说:

> 宋岳倦翁刊《九经》《三传》,以家塾所藏诸刻,并兴国于氏、建安余仁仲本凡二十本。又以越中旧本注疏,建本有音释注疏、蜀注疏,合二十三本。专属本经名士,反复参订,始命良工入梓。其所撰《刊正九经三传沿革例》,于书本、字画、注文、音释、句读、脱简、考异,皆罗列条目,详审精确。[2]

钱氏所论,除将元代岳浚误认为南宋岳珂外,其余论述皆允当。可见岳浚不仅利用自己家藏,还利用他本;不仅自己校,还延请老儒同校,故能使《九经》《三传》保证较高的校勘水平。以上例举多为藏书名家,

---

[1] 校刻《九经三传》及编印《刊正九经三传沿革例》,历来皆误认为是南宋岳珂所为。张政烺、赵万里先生曾在《中国版刻图录·元版春秋经传集解提要》中考证上述二事非岳珂所做,乃岳飞九世孙、元代岳浚之作。李致忠先生在《宋版书叙录》第一七二至一八一页中有更深入的考证,支持张、赵二先生的说法,故此案可成定论。
[2] 钱泰吉:《曝书杂记》,清同治七年刻本。

而仍有许多以校勘为务的藏书家不为人知，如文天祥之父文仪，嗜书如饴，蓄书如山，"经史子集，皆手自标序无一紊；朱黄勘点，纤屑促密无不到"，因而文史、经子，乃至天文、地理、医卜等知识无所不晓，"间质难疑，剖析响应"，能准确指引某事出某书某卷[1]，这是经过校勘，标识图书，增长记问。还有如北宋藏书家杨景略，藏书万余卷，为官公务之余，"无他爱好，常以雠校得失为乐事"[2]，这是以校书为修心养性之乐。当然，最应提倡的是，藏书校勘不仅使个人受益，而且能将校勘成果贡献学界。比如北宋藏书家方崧卿，"聚书四万卷，手自雠校。尤喜韩昌黎文，为举正十卷，附录五卷，别成笺校十卷"[3]。

明代向来被认为是疏于考证，校勘事业不甚发达的时代，特别是明代后期，王学流传，游谈无根，典籍校勘有被忽视的倾向。但明代也有一批利用藏书认真校勘的藏书家，如前期的叶盛、陆容、吴宽，他们

---

[1] 文天祥:《先君子革斋先生事实》《文山先生全集》卷一一，清道光二十八年刻本。

[2] 苏颂:《杨公墓志铭》《苏魏公集》卷五六，清道光二十二年刻本。

[3] 周必大:《方君墓志铭》《平园续稿》卷三一，清光绪二十五年刻本。

第一章 古代私家藏书的类型

细心校订、抄录的手抄本流传至清代，多为学者、藏书家珍重。另外如前期的宋濂、中期的胡应麟，运用藏书作校勘辨伪。中后期的焦竑、陈第，校勘成果也很突出，焦竑的校勘主要体现在他的《焦氏笔乘》正续集中；陈第则利用校勘考证古音，特别是所撰《毛诗古音考》成就最大。

清代校勘家针对明人妄改古籍的弊病，特别讲求校勘，纠正俗本的讹谬。举凡群经、诸史、子书及各代文集，都尽力遍找宋元旧椠，精心校对，订正讹误，他们在这方面投入了大量的时间和精力，取得了很大的成就，形成了一种风尚。清代学者张之洞在《书目答问》之后附录《国朝著述诸家姓名略》，列有校勘学家36人，许多是家藏万卷以上的藏书家，例如卢文弨、顾广圻、黄丕烈、孙星衍、鲍廷博、秦恩复、陈鳣、汪士钟等藏书家，都利用了自己的藏书，为古籍的校勘做出了巨大的贡献。

利用藏书进行校勘工作的藏书家，在收藏上颇重宋元旧本，这并不是因为宋元旧刻物稀而贵，而在于宋元旧本较能保存古书的原貌，可以校正今本、俗本的讹误和擅改之处，近代学者陈乃乾在阐述这个道理时指出:"尝谓古书多一次翻刻,必多一误,出于无心者,'鲁'变为'鱼','亥'变为'豕',其误尚可寻绎;若出于通人臆改,则原本尽失。宋、元、明初诸刻,不能无误字。然藏书家争购之。非爱古董也,以其误字皆出于无心,或可寻绎而辨之,且为后世所刻之祖本也。"[1]这类藏书家的收藏还注意多种版本,即所谓"重本",利用不同版本间的差异,去伪存真,择善而从。乾嘉时期著名藏书家黄丕烈在校《归潜志》一书时就说:"且书必备诸本,凡一本即有一本佳处。即如此,固多讹舛矣,而亦有一二处为他本所不及,顾购者必置重沓之本也。"[2]

利用藏书进行校勘,是清代一批藏书家的乐趣所在。清末藏书家叶德辉在《藏书十约》中说:

> 书不校勘,不如不读,校勘之功,厥善有八:习静养心,除烦断欲,独居无俚,万虑俱消,一善也;有功古人,津逮后学,奇文独赏,疑窦忽开,

---

[1] 陈乃乾:《国学汇编》第一集《与胡朴安书》,民国间铅印本。
[2] 黄丕烈:《士礼居藏书题跋记》卷四,周少川点校,书目文献出版社1989年。

第一章 古代私家藏书的类型

二善也；日日翻检，不生潮霉，蠹鱼蛀虫，应手拂去，三善也；校成一书，传之后世，我之名字，附骥以行，四善也；中年善忘，恒苦搜索，一经手校，可阅数年，五善也；典制名物，记问日增，类事撰文，俯拾皆是，六善也；长夏破睡，严冬御寒，废寝忘餐，难境易过，七善也；校书日多，源流益习，出门采访，如马识途，八善也。

叶氏津津乐道的校书八善，包括去讹存真，津逮后学，修心养身，增长知识，甚至保护书籍等诸多方面，其中不乏封建士大夫闲情逸致，却也反映了这一类藏书家的真实心态，他们借藏书校勘，而达人生修养之目的。

利用藏书进行校勘不仅给予这类藏书家修养身心的乐趣，他们中的许多人还将校书的成果刻书流传，推广到社会上，为学术文化界服务，这样的做法则具有更大的实际意义。例如清代藏书家黄丕烈精校精刻的《士礼居丛书》，鲍廷博的《知不足斋丛书》，卢文弨的《抱经堂汇刻书》，孙星衍所刻的宋本《说文》《古文苑》《唐律疏议》，张敦仁所刻的抚州本《礼记》、严州单疏本《仪礼》《盐铁论》都是校勘精当，给予士林极大方便的。清代藏书家大批精校本的刻印，对古籍的校正、保存、流传，有很大的功劳。叶德辉尤其推崇黄丕烈、孙星衍、顾广圻、张敦仁、汪士钟等人的校书、刻书，他说："乾嘉以来，黄荛圃、孙伯渊、顾涧薲、张古馀、汪阆源诸先生影刊宋、元、明三朝善本书，模印精工，校勘谨慎，遂使古来秘书旧椠，化身千亿，流布人间。其裨益艺林，津逮来学之盛心，千载以下，不可得而磨灭也。"[1] 此论可谓精当。

三、收藏为博采的藏书类型

在私家藏书中，有一些藏书家出自对书籍保有的强烈兴趣，以博采广贮为藏书目的，他们或由于时间、精力的关系，或由于学识的局限，未能对收藏的书籍作其他途径的利用，但是却嗜书如命，广收博采，以补石室金匮之亡缺，以备闲来浏览和鉴赏，从而成为藏量极其丰富的藏书家。他们有的也刻印过一些书籍，

---

[1] 叶德辉：《书林余话》卷下，岳麓书社1999年版。

但并未做过校勘考订；他们有时也赏鉴图书，但不是为了著述和校勘，而是在休闲中欣赏。他们为收藏而收藏，所以可称为博采类型藏书家。

宋以前由于图书生产主要靠抄录，流传数量受到限制，因而藏书实用性较高，博采类藏书家不多，但也可以找出个别例子来。比如唐代"插架三万卷"的李泌，大概就是这类藏书家。明代胡应麟说他是"富于青湘而贫于问学，勤于访辑而怠于钻研"[1]。宋代雕版印刷的推广，为以博采广贮为目的的藏书家提供了条件。如北宋大观间藏书家方略，莆田人，"宦达后，所至专访文籍，民间有奇书必捐金帛求之。家藏书至一千二百箧，作万卷楼储之"[2]。又如南宋时丹徒藏书家杨樗年，"好古书名画及他雅玩，愿售者争归之，酬之必过其值。家居建宝经堂，储书万卷，择良师友与二子居"[3]。这两人都是好收古书奇书，而且不计售价，但不见有其他用处，主要目的是博采居奇。两宋

---

[1] 胡应麟：《少室山房笔丛·经籍会通》，文渊阁《四库全书》本，上海古籍出版社1987年版。

[2] 李俊甫：《莆阳比事》卷六，明万历三十三年刻本。

[3] 刘宰：《刘宰杨提举行述》《漫塘文集》卷三三，嘉业堂丛书本。

期间朝廷为补藏书之缺,曾多次征书,这时以博采广贮为特征的藏书家发挥了作用,他们为朝廷献了不少图书,而朝廷的回报是授予他们一官半职。如北宋郭友直,藏书甚丰,"治平间诏求遗书,所上凡千余卷,尽秘府之未有者。熙宁四年,恩授将仕郎"[1]。而据《宋会要辑稿·崇儒》所载,南宋初会稽布衣诸葛行仁一次就献书11515卷,足见其藏书之盛。

明代诸藩亲王多属于收藏类藏书,他们常得赏赐,又以财势大肆收购,故以量多质精称雄。成化间藏书家杨循吉,家本商贾,饶于资财,但无一简编。杨氏入仕后,发愤购书二十载,藏书达十余万卷,他嗜书如命,以收藏为乐,有"岂待开卷看,抚弄亦欣然"的诗句。明中期的项元汴更是这类藏书家的典型,他善治生产,家境富裕,收书不吝高价。他的藏书近十万卷,为了表达图书所有的乐趣,他常常在收藏的图书、字画上盖满图章,甚至标注购进的价格。有人讽刺他曰:

---

[1] 文同:《郭君墓志铭》,《丹渊集》卷三九,台湾世界书局1986年影印本。

第一章 古代私家藏书的类型

> 每得名迹,以印钤之,累累满幅,亦是书画一厄,譬如石卫尉以明珠精镠聘得丽人,而虞其他适,则黥面记之,抑且遍黥其体使无完肤。较蒙不洁之西子,更为酷烈矣。[1]

意思是说他得到好的图书字画,在上面乱打图章,就如娶到一个漂亮女子,怕她跑了,便在她身上脸上刺满花纹字迹,实在是太残酷了。明代收藏类藏书家还有一些,如范钦、丰坊、李如一等等。

清代这类藏书家则如钱曾也是园,五代相传的范氏天一阁,四代相传的瞿氏铁琴铜剑楼,此外如静惕堂曹溶、瓶花斋吴焯、宜稼堂郁松年、卧雪庐袁芳瑛、海源阁杨绍和、八千卷楼丁丙、持静斋丁日昌,以及季振宜、刘桐等。以收藏为目的的藏书家一般有较好的经济条件,为购书、采书提供了方便,他们收藏的数量也比较多,动辄十万、数十万。由于购采的范围广,藏量丰富,所以多有世间罕见珍秘之本,如洪亮吉所

---

[1] 姜绍书:《韵石斋笔谈》,清道光间刻本。

说的，可"补石室金匮之遗亡"。由于藏书多，且以此为专门目的，他们大都构筑名副其实的藏书楼，这些藏书楼设计精心，大屋宽楹，颇具规模，如范氏天一阁、瞿氏铁琴铜剑楼、杨氏海源阁、丁氏八千卷楼，皆为上下两层之砖木结构楼房，前后皆有窗户，通风防潮。

收藏类藏书家，对藏书有严格的管理措施及一整套防火、防潮、防蛀的方法，例如范氏天一阁就立有"代不分书，书不出阁"的祖训，阁门和书橱门的钥匙分房掌管，以此来互相牵制，保证藏书不得外流，瞿氏铁琴铜剑楼平日也有专人看管，书一概不许借出，有嗜书之人，欲观秘籍者，也只能入阁参阅。这些防范措施虽然大大地限制了书籍的流通，甚至有些秘籍举世不曾寓目，但对于避免图书的散失，确实起到一定的保护作用。至于这类藏书家对书籍防火、防潮、防蛀的具体方法，更是为后人积累了一套藏书的宝贵经验。因此，黄宗羲曾赞叹曰："尝叹读书难，藏书尤难，藏之久而不散，则难之难矣。"[1] 据此而论，收藏类藏书家为保存文化遗产倾家产置业，苦心经营，乐此不

---

[1] 黄宗羲：《天一阁藏书记》《南雷文定》卷二，《四部备要》本，中华书局1936年版。

疲,也自有其独出的功力和令人钦佩之处。

四、收藏为贩贾的藏书类型

书肆、书估的存在与藏书事业发展紧密联系,而私家藏书又常常依靠着书估、书肆搜罗异本,购采图书,因此论私家藏书不可不言贩书也。古代的藏书界中有一批人物,一身而藏书家与书估两兼之。他们以藏书为基础,以贩书为营生,由于他们精于藏书之道,在鉴别古籍上,有独到的功夫,因此洪亮吉和叶昌炽的《藏书纪事诗》也将他们归于藏书家之属。

古代书肆起源很早,西汉时就已经出现了,扬雄在《法言·吾子》中说:"好书而不要诸仲尼,书肆也。"意思是说爱书而不学孔子之道,那就不是念书人而是书贾了。西汉的长安还有槐市,朔望有市,买卖书籍货物。东汉时,京城洛阳有专门的书肆,王充"常游洛阳书肆,阅所卖书";荀悦也是"每至市间阅篇牍,一见多能忆诵"。魏晋南北朝时书肆继续发展,西晋左思《三都赋》出,"洛阳为之纸贵"。东晋、南朝立都建康,城里就有许多书籍铺,据《南齐书·江夏王锋传》记载，南齐武帝时，"藩邸严急，诸王不得读异书，五经之外，唯得看《孝子图》而已"。江夏王萧锋为了多读书"乃密遣人于市里街巷买图籍，期月之间，殆将备矣"。期月间能将所需图书备齐，说明书坊图书种类很多。隋唐间书肆又更发达，但详细的书坊堂号、业主姓名则不得流传。

入宋之后，一些著名的书坊、书贾开始为后人所知，贩贾类藏书家的事迹至此也有可追寻。如南宋藏书家、书商陈起，曾高中乡试第一，人称陈解元。他藏书颇丰，藏书楼称"芸居楼"。他也刻书、售书，在临安棚北大街睦亲坊开陈解元书籍铺，非常著名。南宋诗人危稹赠诗曰："兀坐书林自切磋，阅人应自阅书多；未知买得君书去，不负君书人几何。"[1] 他刻售的典籍以唐宋诗文集为主，有的保存至今，有的经明代翻刻流传下来。南宋的另一著名书贾陈思，号续芸，也在棚北大街开书坊，故有人认为陈思是陈起之子。陈思也好藏，且精于鉴赏，宋人陈伯玉在《宝刻丛编序》中说他"卖书于都市，士之好古博雅，搜遗猎忘以足

---

[1] 危稹：《巽斋小集》，民国十年影印本。

其所藏，与夫故家之沦坠不振，出其所藏以求售者，往往交于市肆，且售且卖，久之所阅滋多，望之辄能别其真赝"。他刻售的典籍如《宝刻丛编》《两宋名贤小集》《书苑精华》《海棠谱》《书小史》等，流传至今，其中的《两宋名贤小集》共380卷，收两宋诗人157家，对于保留宋诗有杰出的贡献。明代贩贾类藏书家较有名的是童佩，字子鸣，浙江龙游人。胡应麟在《少室山房笔丛·经籍会通》里说童佩藏书二万五千卷，胡应麟曾看到童家的藏书目，颇多秘帙。童氏"以鬻书为业，往来吴越间，买一舫，不能直项，帆樯下皆贮书，读之穷日夜不休"[1]。他既藏书、卖书，也能读书，能作诗，王士禛为他的诗集作跋，称他"以贾书有诗名"。

贩贾类藏书家收藏的目的，在于贩卖，随着商品经济的发展，清代这一类藏家的人数越来越多，他们的活动和收藏可见于其他藏书家的书目、题跋记载。除叶昌炽的《藏书纪事诗》外，黄丕烈《士礼居藏书题跋记》对江南书估有一些记述，李文藻《琉璃厂书肆记》、缪荃孙《琉璃厂书肆后记》对北方书估的记述颇

---

[1] 钱谦益：《列朝诗集小传》，清康熙三十七年刻本。

多。湖州老韦、钱听默、施沛章，苏州陶廷学、陶蕴辉、顾八愚、顾五痴、沈斐云，平湖王征麟，京都丝苍屋、韩心源、李雨亭，山西李衷山，湖南丁子园等，皆可称为贩贾类藏书家。这类藏书家的收藏随意性大，不分刻本优劣，散本全帙，以经济利益为准，多数是低价而入，善价而沽；他们的收藏流通性大，但非常注意书籍的装潢。由于这类藏家藏书的旨趣较低，所以洪亮吉论藏书家数等，将其归为末流，但他们中间确有一些人是鉴别古书的高手，所谓"眼别真赝，心知古今，闽本、蜀本一不得欺，宋椠、元椠见而即识"是也。因此，不少藏书家在碰到版本鉴别上的难题时，也常常去找他们请教，如苏州黄丕烈，以版本鉴别而著称，但对钱听默则非常钦佩，称其为"书估中之巨擘"，识书"老眼"，他说："白堤钱听默开萃古斋，此老素称识古，所见书多益本，顾数年前常一再访之。"[1] 他有一些识断不了的古书，就去请教钱氏。其实，书贾中有不少人善于鉴识，熟知典籍的本事已著称于世，就连乾隆皇帝在《四库全书》的编纂过程中，也曾下

---

[1] 黄丕烈:《士礼居藏书题跋记》卷二。

谕，要求利用书贾搜访典籍。他在乾隆三十八年的诏谕中说："湖州向多贾客书船，平时在各处州县兑卖书籍，与藏书家往来最熟。其于某处旧有某书，曾购某本，问之无不深知。如能向此等人善为咨询，详加物色，因而四处借抄，仍将原书迅速发还，量无不踊跃从事。"[1] 此事被清季文人俞秘视为书林佳话，他在《武林藏书录》题词中赋诗咏事，诗曰：

> 吾湖书客各乘舟，一棹烟波贩图史。
> 不知何路达宸聪，都在朝廷清问中。
> 星火文书下疆吏，江湖物色到书佣。

诚然，书估中也不乏唯利是图之人，他们或刻改目录，以残充全，或染纸造蛀、以新充旧，或篡改卷数、杂拼版本，或伪改书名、假冒年款，总之赝书伪刻之事不断。明清以来，常有学者、藏书家对此屡作批评和揭露。如明代藏书家高濂在《遵生八笺》中的《燕闲清赏笺》就对当时伪造宋刻的方法详加披露，他说：

---

[1] 陈垣：《办理四库全书档案》，民国二十三年铅印本。

近日作假宋版书者，神妙莫测。将新刻摹宋版书，特抄微黄厚实竹纸，或用糊褙方帘绵纸，或用孩儿白鹿纸，筒卷用棰细细敲过，名之曰刮。以墨浸去臭味，印成。或将新刻版中残缺一二要处。或湿霉三五张，破碎重补。或改刻开卷一二年号。或贴过今人注刻名氏，留空另刻小印，将宋人姓氏扣填。两头角处，或用沙石磨去一角，或作一二缺痕，以灯火燎去纸毛，仍用草烟熏黄，俨然古人伤残旧迹。或置蛀米柜中，令虫蚀作透漏蛀孔。或以铁线烧红，锤书本子委曲成眼，一二转折，种种与新不同。用纸装衬绫锦套壳，入手重实，光腻可观，初非今书仿佛，以惑售者。或札夥囤，令人先声，指为故家某姓所遗。百计鼓人，莫可窥测，收藏家当具真眼辨证。

以上罗列各种伪造术，真可谓机关算尽，诡计多端。明人屠赤水《考槃遗事》中有论宋版一则，内容与此大致相同。清道光中藏书家蒋光煦在提到书贾好利欺诈，伪造旧刻，弊更百出的情况时归纳说："割首尾，易序目，剜划以就讳，剜字以易名，染色以伪旧，卷有缺，划它版以杂之；本既亡，录别种以代之。反复变幻,殆不可以枚举。"[1] 而清末缪荃孙的《琉璃厂书肆后记》则记述了书贾以黄丕烈《士礼居丛书》本《国语》伪造宋刻本，以假乱真，将他蒙蔽的事例。

某些书贾重利寡义，造假行为之卑劣，固不待言。但平心而论，贩贾类藏书家的多数人还是讲求信誉，属意书林而不见利忘义的。且不论贩贾类藏书家在鉴别古书上，对藏书界有所帮助，就是他们以谋利为动机的贩书活动，对于加强古书的流通，便利藏家的购求也是具有实际意义的，他们是沟通有无，活跃典籍吐纳交流的使者。除此之外，还应看到许多书贾利用自己的藏书，刻印刊行，为一些珍秘图书的保存流传发挥了作用，这些刊本的流传，被藏书界称为"坊刊本"。至于谋利，只要是正当的商业利润，自然是合理的。比如清代苏州五柳居陶廷学，他"与人贸易书，不沾沾计利，所得书若值百金者，自以十金得之，止售十余金。自得之若干金者，售亦取余。其存之久者

---

[1] 吴寿旸：《拜经楼藏书题跋记·跋式训堂丛书》，中华书局1995年版。

则多取余。曰,吾求赢余,以糊口耳"[1]。由于书籍流通交换需要,贩贾类藏书家常常是其他类型藏书家的"书友",甚至是至交,他们大多为士林所尊重。清末有学人专门作诗颂扬书贾,赞曰:

> 考订校雠多绩学,收藏赏鉴各名家。
> 典坟总汇供搜讨,吐纳流通亦可佳。[2]

诗下又有小注曰:"洪北江(亮吉)别藏书家为考订、校雠、收藏、赏鉴、贩卖五类,而鄙薄贩卖。其实若无厂肆之宏大供应,亦无以满足文苑儒林之需要也。"这为贩卖类藏书家抱不平,情真理直,可以说是反映了大多数藏书家和学者的心声。

书籍是一种既普通又特殊的文化产品,除了它蕴含的无穷无尽的文化内核外,它的外部表象也是丰富多彩的,如书籍的版式、纸张、字体、油墨、彩色、套印、装帧等等,这些都是藏书家所共同赏识的,因

---

[1] 孙星衍:《陶君墓志铭》《孙渊如诗文集》,民国间铅印本。
[2] 嚣伯:《琉璃厂杂诗》,转引自孙殿起《琉璃厂小志》,北京古籍出版社1982年版,第344页。

为书籍本身就是一件艺术品。大凡藏书家,皆性好嗜书,这是他们的共同特点,尽管他们对藏书的利用各不相同,因此,赏鉴图书可以说是各类藏书家藏书的同一目的。不仅如此,类藏书家对图书的利用也是多向的,如著述家免不了对书籍的校勘考订,校勘家也并非从不利用书籍进行著述、博采家为了广收异本,常常将收藏的重本与人流通交换,贩贾者也特别注意对书籍的收藏管理。综而论之,对私家藏书这个群体的分类,既要从总观的视角把握他们对书籍利用的主要意向,又不可忽视从微观的视角上看他们使用藏书的多面性,因而对私家藏书进行大致的分类是必要的,而根据这种分类论其高低数等,看来是不可取的。

第二章　社会政治环境与藏书盛衰

　　文献典籍的盛衰与社会历史环境密切相关。从根本的意义上讲，图书与藏书活动，都是人类社会的产物，在人类发展的历史长河中，只有进入文明社会时期，才能产生典籍；只有文明社会发展到一定阶段，生产力水平有了提高，典籍生产有所积累之后，才有可能出现藏书。而公私藏书事业出现后，社会历史环境的诸因素，依然决定着藏书活动和藏书文化的兴衰和变化。当然，藏书事业也会对社会历史环境产生一定的反作用。

　　在社会历史环境中，物质的、经济的条件是左右藏书事业发展的最重要的因素，而社会政治环境对于藏书事业的影响则最迅速、最突出，反映时代的特点也最明显。安定、昌盛的政治局面，自然为藏书事业

第二章　社会政治环境与藏书盛衰

提供良好的环境；反之，动荡和战乱，则必然给公私藏书带来极大的破坏和损失，历史上学者们对典籍灾难所归纳的"五厄""十厄"，大多是战乱造成的损害。另一方面，政治形势的制约还来自统治者对于某种文化体系的鼓励或者摧残，由于国家决定着文化产品的价值取向，在它推行一种文化风尚时，这种类型的文化典籍就易于收集和收藏；相反，在它反对某种思想文化时，则采取禁书、焚书的手段，来禁止某类典籍的流传或干脆进行彻底的销毁，这必然大大限制了图书的收藏。

一、政治昌明促进藏书兴盛

明代学者胡应麟在总结历代藏书的消长时，提出了"八盛""八厄"的理论，他说："等而论之，则古今典籍盛聚之时、大厄之时则各有八焉。春秋也，西汉也，萧梁也，隋文也，开元也，大和也，庆历也，淳熙也，皆盛聚之时也；祖龙也，新莽也，萧绎也，隋炀也，安史也，黄巢也，女真也，蒙古也，皆大厄之会也。"[1]这里所论"八盛""八厄"，指的都是公家藏书的盛衰，但是引起公家藏书变化的政治条件对于私家藏书的作用也是相同的，从胡氏所拟"八盛"而言，大致也都能为私家藏书提供一个相对安定的社会环境，或没有太多的政治钳制，使思想文化能在自由宽松的局面下得以发展。春秋时期，虽有列国纷争，各国政治家在追求"富国强兵"之策时，允许百家争鸣，因此诸子蜂起，著述群出，私家藏书由此导源。西汉至武帝时，天下承平七十余载，为私家藏书提供了休养生息、再生恢复的机会；虽然武帝"罢黜百家，独尊儒术"，但没有禁毁百家之书，而儒家典籍则因此大大发展起来。当时不仅有河间献王刘德、淮南王刘安等诸王宗室的私人藏书，以家学相传的经学大师必然也有私人的藏书。南北朝的梁朝武帝时期，"梁武敦悦诗书，下化其上，四境之内，家有文史"[2]。江左典籍文献，于此为极盛，私人藏书成就也较突出，如安成王萧秀、王

---

[1] 胡应麟:《少室山房笔丛》卷四《经籍会通》，文渊阁《四库全书》本，上海古籍出版社1987年版。
[2] 魏徵等:《隋书》卷三二《经籍志序》，中华书局1973年版。

第二章 社会政治环境与藏书盛衰

僧孺、沈约、任昉、张缅等,藏书皆在万卷之上。隋文帝括平海内,为公私藏书创造了安定的社会环境,隋立国时间虽短,但也有一批著名藏书家,仅据《隋书》所记,便可知有许善心、张琚、明克让、柳䛒、陆爽、孔绍安、尹崇等人。唐朝统一时间长,以安史之乱为界,前后有两段较长时期的社会安定局面,胡应麟所说的"开元之盛"和"大和之盛"正是分别代表了前后两期的图书繁荣阶段。"开元之盛"指唐玄宗命马怀素等人校书编目,在《群书总目》中著录国家藏书48169卷;"大和之盛"指唐文宗在安史之乱后访求遗文,使国家藏书恢复到56476卷。唐代因天下承平日久而涌现了许多藏书家,个人私藏数量也迅速增加,从文献记载上看,藏书超过万卷以上的藏书家至少有十五六人,前期如李袭誉、李元裕、李元嘉、杜暹、吴兢、韦述,后期如李泌、苏弁、柳公绰父子、田弘正等,皆特出卓著。韦述"家藏书二万卷,虽秘府不逮"。[1] 李泌是"邺侯家多书,插架三万轴"[2],他们堪称为盛世

---

[1] 欧阳修:《新唐书》卷一二〇《韦述传》,中华书局1975年版。

[2] 韩愈:《送诸葛觉往随州读书》《全唐文》卷三四二,中华书局1960年版。

藏书的写照和缩影。宋代是公私藏书发展的新高峰，胡应麟以庆历、淳熙分别代表北宋和南宋藏书的繁盛，北宋公藏以庆历年编成的《崇文总目》为代表，著录典籍30669卷；南宋公藏以淳熙年间的《中兴馆阁书目》为依据，收书44486卷。至于两宋期间利用社会安定的局面发展起来的藏书家，则不胜缕述，宋元之际学者周密在《齐东野语》卷一二中曾有扼要的概述，其中为私家藏书之佼佼者，北宋如李淑23180卷，田镐30000卷，王钦臣43000余卷，贺铸100000卷；南宋如叶梦得100000万卷，晁公武24500卷，陈振孙51180卷，周密家旧藏也有42000余卷。许多藏书家的收藏之富"与秘阁等"，或大大超过了公藏。

明清两代公私藏书也无不在社会稳定、政治清明的时局中不断积累、繁荣，乃至古代藏书事业的顶峰。要言之，历代藏书事业的发展需要生产力的进步，经济的繁荣，政治的安定，文化的昌达，从以上几个方面看，政治因素还不是决定因素；但是如果从破坏藏书事业的角度看，政治环境的影响则是最显而易见的。因此，有必要深入分析恶劣的政治环境对藏书破坏的严重影响。

第二章　社会政治环境与藏书盛衰

二、战争兵燹导致藏书焚毁

因政治环境造成对私家藏书的破坏有两大因素，一是政权更迭，兵戈相争，私人藏书在战乱中焚毁散亡。历史上出现的大规模社会动乱，直接销毁了不胜其数的典籍文献。隋朝牛弘在《请开献书之路表》中曾最早总结典籍散亡，提出书有"五厄"：秦始皇焚书，西汉末王莽之乱，东汉末董卓之乱，西晋八王之乱，南朝梁末之乱。[1]明朝胡应麟在《少室山房笔丛·经籍会通》中不仅总结了"八盛""八厄"，还续牛弘"五厄"为"十厄"，他所续为：隋末之乱，唐安史之乱，唐末之乱，北宋靖康之乱，南宋绍定之乱，以上"十厄"，除始皇焚书之外，其余皆因战乱所致，虽然这里指的战火燔荡，都是国家藏书，但私藏自也难逃厄运。历代私藏在动乱中坟籍扫地的事例不胜枚举，北宋末年赵明诚、李清照夫妇书坠狼烟的遭遇，大概可以比较清楚地说明这一问题。赵明诚、李清照同为宋代名人，

---

[1]　魏徵等：《隋书》卷四九《牛弘传》。

一为学者，一为诗人，酷爱藏书，意气相投。据《金石录后序》所载，他们收藏有大量抄本、刻本，还有赵明诚据以作《金石录》的大批金石拓本，以及书帖绘画。就在赵明诚病逝，藏书遭受重大损失后，李清照"犹有书二万卷，金石刻二千卷"。赵氏夫妇藏书的文化品位是很高的，不仅"每获一书，即同共校勘、整集、签题。得书画、彝鼎，亦摩玩舒卷，指摘疵病，夜尽一烛为率。故能纸札精致，字画完整，冠诸收书家"。而且还能"簿甲乙，置书册"，有自己的藏书目录。赵氏夫妇的藏书又是富有情趣的，每日饭后，在"归来堂"烹茶，竞猜书史中内容角胜负，其乐融融，遂"甘心老是乡矣"。正当他们沉醉在收藏的快乐中时，金兵的铁蹄已踏破了京城，颠沛流离，数万卷图书和大批字画，仅存"一二残零不成部帙书册，三数种平平书帖"[1]。赵李藏书在战乱中的命运是很有代表性的，它说明了社会动荡对私家藏书所造成的种种威胁和来自各个方面的破坏。

明清时期，战乱对私家藏书的危害相比以前的"五

---

[1] 以上所引，皆自李清照《金石录后序》，见《金石录校证》所附，上海书画出版社 1985 年版。

厄"或"十厄",有过之而无不及。明清之际,鼎革易代的变乱,对藏书破坏甚烈。明末清初的钱谦益谈到私家藏书在这一巨变中的遭遇时,以"兵火焚掠,弥亘四方","奇书秘籍,灰飞烟灭"来作形容。他说:"海内藏书之富,莫先于诸藩,今皆无寸蹄片纸矣。汶洛齐楚之间,士大夫之所藏,又可知也。"[1]清初不少藏书家回忆起藏书在世变中的失落,仍有切肤之痛。江右藏书家陈士业在他的《酉阳山房藏书记》中说:"乙酉(1645)入山,辇载所藏书,不下数万卷。铁骑一来,屯扎于敝居石河,一勺一粒一丝一缕俱尽,而所藏书悉被割剥挦裂,作纸甲数千。煤痕丹点,离离駃騠之背,余以支枕藉地。数万缥缃,沦于一旦。"面对强暴,藏书家无可奈何,只能作扼腕仰天长叹。据黄宗羲所知,兵火之后,陈氏故书所存者,仅《熊勿轩集》一书而已[2],实在令人沉痛。清前期学者全祖望也在《双韭山房藏书记》中追忆其先世阿育山房藏书的遭遇,他说:

---

[1] 钱谦益:《有学集》卷二六《千顷斋藏书记》,上海古籍出版社1996年版。

[2] 黄宗羲:《天一阁藏书记》,《南雷文定》卷二,《四部备要》本,中华书局1936年版。

"国难作,尽室避之山中。藏书多,难携以行,留贮里第,则为营将所踞。方突入时,见有巨库,以为货也。发视则皆古书,大怒,付之一炬,于是予家遂无书。"[1] 乱兵逐利而又无知,何其甚也。而在明末动荡中,因乱兵的无知使典籍惨遭蹂躏的事例,又何止全氏先祖一家。《湖录》记载明末乌程潘曾纮家富藏书,编有书目,曰:"中丞公曾纮有意汲古,广储缥缃。视学中州,罗致更夥。鼎革时遭劫,士兵至以书于溪中叠桥为渡,以搬运什物。书之受厄至此,书目已不复存。"[2] 明末丧乱,对私家藏书的荡灭是很严重的,像茅坤、项元汴、钮石溪、徐𤆆等著名藏书家的收藏,都毁于这次焚掠。明末诗人吴伟业,曾以收藏金元典籍著称,烽烟所及,也不能幸免,故有诗叹曰:"金元图籍到如今,半自宣和出禁林。封记中山玉印在,一般烽火竟销沉!"[3]

清代则以中后期阶级矛盾激烈冲突,不断发生的农民起义与清军的战斗,以及其他骚乱对私家藏书的

---

[1] 全祖望:《鲒埼亭集外编》卷一七,《四部丛刊》本,上海书店出版社1989年版。
[2] 范声山:《吴兴藏书录》引《湖录》,上海古典文学出版社1957年版。
[3] 吴伟业:《梅村家藏稿》卷一九,清宣统三年刻本版。

第二章 社会政治环境与藏书盛衰

影响较大,其中又以咸丰、同治(1861、1862)之际江南太平军、北方捻军与清军的作战对典籍收藏的危害更为突出。清代文人在记载这些破坏时,通常将罪名归咎于起义军,即所谓"粤匪""皖匪"之乱,这是不公平的。且不说战乱源于清廷的政治腐败和黑暗统治,至少应该看到战争的破坏,责任在于作战的双方。另外,地痞、流寇在混乱中趁火打劫,也对私家藏书造成损失。因此,当我们重新审视咸同之际的书厄时,应有清醒和公正的认识。咸同间内乱对私家藏书破坏的波及面很广,这里仅以数例略窥全豹。首先是著名藏书楼天一阁、海源阁的藏书严重流散。宁波天一阁创建于明代,藏书7万卷,历经明末清初战火而岿然独存。嘉庆间,阮元编撰《天一阁书目》,曾盛赞"海内藏书之家最久者,今惟宁波范氏天一阁"。同治元年太平军与清军交战宁波,天一阁主人仓皇避难,阁中无人看管,藏书零落,许多藏书竟被人以故纸之价,议斤论两,售予纸厂化浆。[1] 故光绪十五年(1889)薛福成编《天一阁见存书目》时称,"阁书经兵燹后,完

---

[1] 缪荃孙:《天一阁始末记》《艺风堂文漫存》卷三,民国刻本。

善者鲜"，对照阮氏旧目，当时见存完书竟不及十分之四。山东海源阁藏书则厄于清军与捻军之战，杨绍和在《跋宋本毛诗》文中曰："辛酉(1861)皖寇扰及，齐鲁之交，烽火亘千里，所过之处，悉成焦土。二月初，犯肥城西境，据余华跗庄陶南山馆一昼夜。自分珍藏图籍，必已尽付劫灰。及寇退，收拾烬余，幸犹十存五六。而宋元旧椠，所焚独多，且经部尤甚。"[1] 华跗庄附近田地多为杨氏私产，海源阁书籍当时大部分移藏于陶南山馆，故有此惨痛的焚毁。

相对北方而言，咸同间战乱的重灾区在南方江浙二省，苏、松、常、镇、扬、宁、杭、嘉、湖、绍等府私人藏书多有散失。杭州素称东南私藏重镇，咸丰辛酉纷扰，则以汪氏振绮堂、孙氏寿松堂遭劫最烈。振绮堂由乾嘉时汪宪所创，传书四代，人称"四世藏书，甲于浙右"。杭州兵乱，振绮堂藏书难逃厄运。光绪八年(1882)，崔国榜在《汪南士〈七家后汉书〉序》中说："钱塘汪氏振绮堂，辛酉乱后，藏书尽散。"孙氏寿松堂同建于乾嘉时期，堂主孙宗濂"藏书数万卷，

---

[1] 杨绍和：《楹书隅录》卷一，江苏广陵古籍刻印社影印1987年版。

第二章 社会政治环境与藏书盛衰

以枕藉为乐",据其后人孙峻《八千卷楼藏书志序》追忆,寿松堂图籍也同样在咸丰辛酉时"尽付云烟"。南京为太平军天都,自咸丰三年(1853)建都后,屡遭清兵围攻,直到城陷,私家藏书同归兵燹。如当时著名学者朱绪曾的开有益斋藏书十数万卷,连同他的著述《开有益斋集》十余万言佚于兵火[1]。其余各府州县的私人藏书皆有不同程度的损失,其例不胜枚举,不过,同治间江苏学政鲍源琛的一段奏折大致能反映当时图书受损的情景。鲍氏奏曰:

> 近年各省因经兵燹,书多散佚。臣试学江苏,按试所经,留心访察。如江苏松、常、镇、扬诸府,向称人文极盛之地。学校旧藏书籍,荡然无存。藩署旧有恭刊钦定经史诸书版片,亦均毁失。民间藏书之家,卷帙悉成灰烬。乱后偶有书肆所刻经书,但系删节之本,简陋不堪。士子有志读书,无从购觅。苏省如此,皖、浙、江右诸省情形,

---

[1] 刘寿曾:《开有益斋读书志序》,见《开有益斋读书志》卷首,清光绪六年茹古阁刻本。

谅亦相同。[1]

这就是战后江南典籍凋零的总世相,其中民间藏书的损失要比所言学校、藩署的损失更为惨痛,因为藩署、学校所藏皆为习见之书,而民间私藏则多有珍本。如以上所举对天一阁、海源阁、振绮堂等著名藏家的破坏,则往往是对数百年典籍相传及文化积累的摧残。数百年传藏毁于一旦,仅此足见政治动乱对文化遗产危害的剧烈。咸同战乱中有民谚形容藏书的劫难曰:"搜得藏书论担挑,行过厕溷随手抛。抛之不及以火烧,烧之不及以水浇。读者斩,收者斩,买者卖者一同斩。"[2]设身其间,想见当时藏书之家的痛苦遭遇,不禁令人心惊肉跳,慨为浩叹。

至于清朝后期,由于清廷的腐败,外国侵略者多次入侵,对公私藏书造成的破坏,也是让人切齿拊心,永世难忘的。咸丰十年(1860),英法联军入侵北京,

---

[1] 鲍源琛:《请购刊经书疏》,陈弢《同治中兴京外奏议约编》卷四,清刻本。
[2] 《太平天国》第4册,第735页,《中国近代史料丛刊》,上海人民出版社1956年版。

就焚毁了圆明园中公藏的《四库全书》；这次入侵以及光绪二十六年(1900)八国联军在北京的掳掠，也使私家藏书惨遭损害，各种珍贵典籍散佚甚多。

三、政治严酷引发藏书禁毁

政治因素对私家藏书的危害，一是战争的浩劫，另一端是和平时期对图书的禁毁。禁书之难由来已久，古来书厄，一开始就是秦始皇焚书坑儒，对于民间收藏的《诗》《书》《礼》《乐》尽行销毁。这种对文化的蔑视和残暴，引来后世不尽的訾骂和嘲笑，如唐代诗人章碣有《焚书坑》一诗，曰："竹帛烟消帝业虚，关河空锁祖龙居。坑灰未冷山东乱，刘项原来不读书。"便是对始皇焚书的辛辣讽刺。其实，始皇之后，为了加强政治统治，历代图书的禁毁是屡见不鲜的，不过是程度各不相同而已。比如，东汉曾禁私修史书，而隋炀帝时则大禁纬书。所谓纬书是相对经书而言的，是汉代混合神学和儒家经义的一些典籍，西汉末王莽崇信符命，东汉光武帝以图谶兴起，并宣布"图谶于天下"，于是自东汉始，谶纬书盛行起来。这些纬书内容充满了神学迷信的思想，因此常常被改朝换代的帝王利用为"王权神授"的印证，以说明他们夺权即位的合理性。东汉以后，六朝禅篡，此风愈演愈烈。如刘裕、萧道成、隋文帝窃国篡位，无不用纬书预言以惑天下，隋文帝就曾在开皇元年的诏书中宣称："自古帝王受终革代，封侯赐爵，多兴运迁。朕应籙受图，君临海内。"[1] 但是他们上台后，为了巩固政权，防止他人"以其人之道还治其人之身"，宋、梁、隋代，相继禁毁纬书，至隋炀帝时，"乃发使四出，搜天下书籍，与谶纬相涉者皆焚之。为吏所纠者至死，至是无复其学"[2]。纬书虽然是迷信神异的说教，但其中也有不少天文、历法、地理方面的知识，因此纬书的消亡，同样是一种损失。明清两代，为加强政治专制而禁书的行动越来越频繁，规模越来越大。如明初"靖难之役"后，永乐帝登基，即开始焚烧建文朝档案记事，明人赵善政《宾退录》曰："永乐中，出建文朝封事数千通，命解缙等择有关于农桑礼乐者，存之。其有干犯'靖难'事者，焚之。"明清时期因文字狱而禁

---

[1] 魏徵：《隋书》卷一《文帝纪》。
[2] 魏徵：《隋书》卷三二《经籍志》。

焚的书也很多。清代更利用编修《四库全书》的机会，"寓禁于征"，实行全国范围的大清查，禁毁典籍的数量和种类，远胜前代。其销毁范围甚广，凡明末史书，因有抵触清朝言语，故需"尽行销毁，杜遏邪言"[1]；凡明末清初具有抗清思想的文人作品，如钱谦益、屈大钧、吕留良等人文集皆应销毁，有"明季恶习""轻浮悖妄"内容的典籍，也要禁毁；凡宋明人著作有称辽、金、元为敌国或"夷狄""贼虏""犬羊"者，也要撤毁、抽毁或改正。据《办理四库全书档案》记载，从乾隆三十八年（1773）到乾隆四十七年（1782）间，先后下令销书达24次，焚书13862卷，收缴应毁书板68339块。又据姚觐元《禁书总目》、孙殿起《清代禁书知见录》、雷梦辰《清代各省禁书汇考》等书统计，清廷利用编纂《四库全书》的机会，全毁、抽毁典籍达三千余种，禁毁典籍在十万部以上，制造了古代禁书的极端。

除了朝廷为加强统治而进行的禁书外，在某些不良政治环境下，奸臣专政，铲除异己，也往往导致对典籍的禁毁。如北宋末蔡京专权，便利用权势，禁毁

---

[1] 乾隆三十九年八月初五日谕，见《纂修四库全书档案》，上海古籍出版社1997年版。

那些他认为于己不利的著作。靖康元年(1126)，右正言崔鸥就曾奏曰："自崇宁以来，京贼(蔡京)用事……至于苏颂、黄庭坚之文，范镇、沈括之《杂说》，畏其或记祖宗之事，或记名臣之说，于己不便。故一切禁之，购以重赏，不得收藏。则禁士之异论，其法亦已密矣！"[1]南宋初秦桧当国，在宋金之战中，不仅投降卖国，而且对主战派大加迫害，因而引起朝野的不满和谴责。为了堵塞众议，文饰奸伪，他在第二次当丞相后，就对"前罢相以来，诏书章奏，稍及桧者，率更易焚弃"，造成"日历时政，亡失已多"。[2]他还严禁在民间流传私史、野史，对私家藏书大肆查禁和破坏。如主战派、参知政事李光不仅被降职，藏书万卷也被认为是"家藏野史，以谤时政"而全部焚毁。[3]藏书家王明清则因老母恐惧，将家中收藏"前人所记本朝典故，与夫先人所撰史稿，悉付之回禄"[4]。

由于政治原因而禁书，在宋朝则有另一个特点，

---

[1] 佚名：《靖康要录》卷七，台北文海出版社1967年版。

[2] 脱脱等：《宋史》卷四七三《秦桧传》，中华书局1977年版。

[3] 《建炎以来系年要录》卷一五六，中华书局1988年版。

[4] 王明清：《挥麈后录》卷七，民国十一年(1922)上海博古斋景印本。

第二章 社会政治环境与藏书盛衰

是为了保证军事机密不被泄露。这一禁书特点是由北南两宋自开国始,便处于和辽、金紧张对立的军事局面所决定的。查《宋会要辑稿》"刑法二·禁约一"至"禁约四",可见在北宋的仁宗、英宗、徽宗,南宋的光宗、宁宗等朝,都有禁令,严禁刊印、传录、收藏有关军机国政的会要、实录、文集、日录、小报,以防"流入四夷"。最早的禁令见于北宋仁宗,当时北方辽、夏更迭南下侵扰,边事日益紧张,为了防止军事机密泄露,仁宗于康定元年(1040)五月下诏曰:"访闻在京无图之辈及书肆之家,多将诸色人所讲边机文字,镂版鬻卖,流布于外。委开封府密切根捉,许人陈告,勘鞫闻奏。"[1]开始了对有关边机的典籍和文献的查禁。徽宗朝,随着金兵对中原的不断袭扰,边警日繁,于是先后发布四道禁令,以加紧查禁有关典籍文献,确保严守国家机密。如大观二年(1108)颁布的命令说:"访闻房中多收蓄本朝见行印卖文集书册之类,其间不无夹带论议边防兵机夷狄之事,深属未便。其雕印书铺,昨降指挥,令所属看验,尤违碍然后印行,可检举行

---

[1] 徐松:《宋会要辑稿》(刑法二·禁约一),中华书局1957年版。

下。不经看验校定文书，擅行印卖，告捕条例颁降，其沿边州军仍严行禁止。凡贩卖、藏匿出界者，并照铜钱出界法罪赏施行。"[1]可以看出这道命令已比前此有关规定更为具体详细，查禁的范围也已注意到文集书册等一般的典籍。到南宋宁宗颁布《庆元条法事类》时，则规定的处罚更为严厉，如刻印御书、会要及言时政、边机文书者，"杖八十"；刻印举人程文者，"杖八十"；刻印文书而不送交检查者，"杖一百"；刊印事关敌情的文件者，要流放三千里。宋代因为"积贫积弱"的政治背景，为了保护边防军机而不得不采取了一些消极的禁书行动，这些行动虽然没对私家藏书造成大规模的破坏，但是在控制典籍的刊刻、传录、流通方面，仍然限制了私家藏书的自由发展。

综上所述，政治环境对古代藏书事业的影响是非常突出的，积极的影响是对公私藏书的扶持和促进，消极的影响是对公私藏书的钳制和扼杀。纵观古代藏书事业的进程，虽然在许多政治清明、社会承平的环境中，公私藏书得到长足发展；但是由于封建社会频

---

[1] 徐松：《宋会要辑稿》(刑法二·禁约一)，中华书局1957年版。

繁出现的改朝换代和割据战争的洗劫，封建专制主义对文化事业的高压控制，以及因封建王朝腐败而导致外敌的入侵毁掠，古代藏书事业遭受的破坏是非常严重的。可以说，封建社会的政治环境，对古代藏书事业的负面影响相对要大一些，它在一定程度上制约了公私藏书事业前进的速度。

第三章　学术文化风尚与典籍传藏

　　一个时代学术文化风气的演变,对当时典籍的流布和收藏有重要影响。就某一时代具体而言,一个时代学术思潮和文化风尚,必然影响这一时代典籍收藏的内容、范围和取向。然而许多材料也说明,随着典籍收藏的积累和丰富,也会反过来推动当时学术文化风气的不断发展。一个时代的学术文化风气与典籍传藏是如何互相作用、互为因果的呢?本文拟从春秋战国的百家争鸣、明代市民意识的兴起以及清代朴学的鼎盛等具有显著时代特点的几个阶段进行考察,以求对此问题有所认识。

第三章 学术文化风尚与典籍传藏

一、春秋战国百家争鸣与藏书初兴

春秋战国是我国历史上伟大的变革时期。在历史变革的过程中，学术文化从王室的禁锢中解放出来，获得自由发展和大踏步前进。春秋以前，我国学术处在一个"学在官府""官守其书"的特殊阶段，私人无著述，私家无藏书。进入春秋时期以后，"周室既卑，诸侯失礼于天子"[1]。随着政治中心和经济中心的下移，学术中心也开始由周王室分散至诸侯公室，学术下移进入第一个阶段。这时周王室虽然还掌握着一些典籍和礼乐，但是一些大的诸侯国已经有了自己的典籍，有了自己的学术和教育。"天子失官，学在四夷"[2]，说明学术文化已由一个中心分散为若干中心。

春秋后期到战国时期，学术迁移进入突破性的第二阶段，"礼下于庶人"，学术文化从王室公侯彻底解放出来，为士阶层所掌握、推广和发展。孔子是这批人物中的杰出代表，他在编订教材和整理六经时，积

---

[1]《国语》卷一九《吴语》，上海古籍出版社1998年版。
[2]《左传》昭公十七年，中华书局1983年版。

累了一些藏书，成为我国历史上第一代私人藏书家。进入战国时期以后，随着社会生产关系的变革，士阶层获得了新的发展，他们或参政议政，或聚众讲学。于是"处士横议"，学派蜂起，诸子之学骤兴。这种风气不仅大大推进了战国时期学术文化的发展，同时也使我国古代典籍进入了一个崭新的历史阶段。首先是《易》《诗》《书》《礼》《乐》《春秋》等儒家六经经过春秋末期和战国时代学者的整理加工而基本定型。其他诸子百家在学术争鸣中，也撰写了许多代表各种学派的著作，从《汉书·艺文志》记载上看，先秦诸子流传至汉代的典籍就有110多种，而当时出现的诸子著作则必然多于此数。除诸子著作外，战国时代还有大批史书、楚辞和科技著作得以创作和流行。

春秋战国时期百家争鸣的文化运动，为典籍发展提供了充沛的知识源泉；活跃的学术气氛，诱发了士人学子著书立说的巨大热情。另一方面，诸子士人为了著述宣传，或为了教育私门子弟，也迫切需要收集利用已有的典籍文献，这种生产和需求、撰述和流通的相互促进，终于带来了我国古代私家藏书活动的初兴。虽然时代久远，但我们仍然可以从先秦文献中看到一些私家藏书的记载。如《庄子·天道》篇说孔子欲西藏书于周室，"而老聃不许"。墨子南游，车中"载书甚多"[1]。庄子称赞惠施博学，富于藏书，曰："惠施多方，其书五车"。[2] 纵横家苏秦的藏书也不少，他"夜发书，陈箧数十"，悬梁苦读，练就了游说诸侯的本事[3]。

山东曲阜孔府藏书楼：奎文阁

可以说，战国时期，私人藏书并不仅限于诸子各家，一些士人学子也应有所收藏。《史记·六国年表》曰："秦既得意，烧天下诗书……诗书所以复见者，多藏人家。"孔子后人藏书夹壁，到汉代重被发现，就是一例。秦统一后九年，即行焚书之事，故"多藏人家"应指秦以前的私藏。从这个角度看司马迁的记

---

[1]《墨子》卷一二《贵义》，中华书局1986年版。

[2]《庄子》卷一〇下《天下篇》，中华书局1987年版。

[3]《战国策》卷三《秦一》，中华书局1985年版。

载，可以说明先秦私人藏书已经具备一定数量的情况。

分析春秋战国学术文化演变的过程，必然看到，没有学术迁移的解放运动，就没有流布四方的文化典籍；没有百家争鸣的学术繁荣，就没有典籍的不断丰富和传播。因此，我国古代私家藏书的出现，无疑是春秋战国时期学术迁移、百家争鸣的产物。

二、明代市民文化影响下的藏书倾向

明代市民意识、市民文化对典籍的流传和收藏也产生了很大的影响。明代城市商品经济的发展，为市民阶层的产生准备了土壤和温床。这个特殊的阶层不同于足不出户、埋头圣贤书的儒生士大夫，也不同于"日出而作，日落而息"的农民。他们有一定的文化需求，但不是那种专讲心性义理、修身齐家治国平天下的高深文化；而是生动活泼、易于接受，富有生活情趣又可消遣娱乐的通俗文化，这就是明代市民文化的特性。应该指出的是，由于市民文化富于生活情趣，特具消遣性、娱乐性功能，对许多官僚士大夫来说，也是深受他们欢迎的。因此明代市民文化对于当时各

第三章　学术文化风尚与典籍传藏

阶层的藏书倾向,都有十分深刻的影响。

从明代私人藏书书目和明代书坊刻书的情况来看,经部和史部类典籍的通俗读物大量增加。经部典籍或以白文刊印《四书》《五经》,或以图解、语录、蒙书的形式出现。史部典籍则产生许多节本、选本、摘抄本、类编本,如马维铭的《史书纂略》220卷,撮取二十一史纪传汇成一书;茅国缙的《晋史删》、王思义的《宋史纂要》、张九韶的《元史节要》等,则按原史缩写而成。杨以任的《读史四集》,凌迪知的《太史华句》《两汉隽言》,是着眼于诸史事迹或字句词藻的史钞。唐顺之的《史纂类编》,是按类书的形式对旧史进行改编。子部典籍则有大批算书、农书、医书、法律书及家庭日用书被刻印和收藏,如《明解算法》《指明算法》《农桑撮要》《田家历》《牛经》《读律琐言》《详刑要览》《尺牍》《鲁班经》《居家必用》以及各种内外科、小儿科、妇科、针灸、方书、本草等医书。

市民文化对私家藏书影响最明显之处,反映在大批小说、戏曲被刊印、收藏和流传。小说、戏曲这些表现市井风情的艺术,历来为封建正统观念所鄙视,然而随着明代城市商品经济的发展,随着市民阶层的出现及其地位的逐步提高,反映这个阶层生活情趣和要求的文艺作品,却越来越受人欢迎而风行起来。早在明代前期,藏书家叶盛就在《水东日记》中描写了当时小说、戏曲的盛行,他说:

> 今书坊相传,射利之徒伪为小说杂书,南人喜谈如汉小王光武、蔡伯喈邕、杨六使文广,北人喜读如继母大贤等事甚多。农工商贩,钞写绘画,家畜而人有之。痴骏女妇,尤所酷好,好事者因目为《女通鉴》有以也。甚则晋王休征、宋吕文穆、王龟龄诸名贤,至百态诬饰,作为戏剧,以为佐酒乐客之具。有官者不以禁杜,士大夫不以为非,或者以警世之为而忍为推波逐浪者,亦有之矣。[1]

正如叶盛所言,由于社会需求和社会风尚所驱动,明代书坊刻书的主要内容是小说、话本、戏曲等通俗读物。以首都北京的民间刻书而言,现有资料可知当

---

[1] 叶盛:《水东日记》卷二一"小说戏文"条,中华书局1980年版。

时北京的印书作坊有十几家，其中的永顺堂是明代北京较早的一家书坊。1967年在上海嘉定发现了成化七年至十四年（1471—1478）永顺堂用竹纸刊印的说唱词话11种和南戏《白兔记》1种。这些说唱词话分讲史、公案、传奇等几类，如《新编全相说唱足本花关索传》《包龙图断乌盆传》《新刊全相莺歌孝义传》等，这说明永顺堂曾以刻印说唱词话及小说为事。

明代的私人刻书业以南京最为昌盛，据张秀民先生按有关记载统计，明代南京书坊达90多家，为全国之首。根据书目记载和现存古籍的情况，可以看到，当时南京书坊刻书的品种，多为民间所需的小说、平话、戏曲、传奇等。比如，刻书较多的富春堂就刊印戏曲数十种，富春堂主人唐对溪还把《青楼记》《虎符记》《白袍记》《鹦鹉记》《紫箫记》《玉环记》《千金记》《灌园记》《还带记》《白蛇记》等10种戏曲合刻在一起，名曰《编刻演剧十本》。其他书坊所刻小说戏曲也不少，如唐绣谷的世德堂刻印过《裴度香山还带记》《赵氏孤儿记》《五伦全备忠孝记》《双凤齐鸣记》等。唐锦池、唐惠畴的文林阁刻过《易鞋记》《燕脂记》《袁文正还魂记》《汉刘秀云台记》《古城记》，等等，不胜枚举。郑振铎先生曾经统计过,明代南京书坊所刻的戏剧类图书有三百种之多。而小说方面,南京书坊则曾先后刻印过不同版本的《三国志传》《西游记》《警世通言》《唐书志传通俗演义》《西晋志传题评》《东晋志传题评》等。

福建是明代重要的刻书中心之一,集中于建阳的书坊数量仅次于南京。宋元两代,闽建刻书以正经正史为多,到明代以后有了极大的变化,以刊刻启蒙读物、日常用书,尤以小说戏曲类通俗读物为多。大量小说、故事、平话在建阳书坊刊刻印刷,这类图书如《皇明英烈传》《吕洞宾得道飞剑记》《西汉志传》《三国演义》《水浒传》《四游记》《岳飞传演义》《西厢记》《琵琶记》等,这些书常常配有大量的插图,并在书名之前冠以"全像""绣像""绘像""图像"等字样加以说明。不少书商还自己动手编写小说、公案,如书林文台余象斗就编过《两汉志传》《南游记》《北游记》《皇明诸司廉明奇判公案》等,忠正堂熊大木编过《全汉志传》《唐书志传通俗演义》等。

明代图书市场为私家藏书提供了如此丰富的小说戏曲书籍,不难想见,当时的读书和藏书风尚是怎样的一种倾向了。不过,我们仍然希望从明代私人藏书目录中得到进一步的印证。明代私藏书目现存不多,但是在大多数书目中,可以看到小说戏剧这些以前很少被书目著录的"街谈巷议""市井俚曲",已经登上了书目的大雅之堂。比如,明中期著名藏书家晁瑮便很注意小说戏曲的收藏,他的私藏书目《宝文堂书目》分33类著录藏书7829种,其中"子杂类"收录小说话本2244种,"乐府类"收录杂剧戏曲354种,仅此二类图书便占总藏书量的1/3,其小说戏曲的藏量在当时是很突出的。与晁氏同时的高儒是一位军人出身的藏书家,他的藏书目《百川书志》收书二千余种,一万多卷。其特点是将大批小说戏曲归于史部的传记、野史、外史、小史各类,例如他的传记类收录《赵飞燕外传》《开元天宝遗事》《莺莺传》等许多唐人传奇;野史类收录《三国志通俗演义》《忠义水浒传》等小说;外史类收录大批戏曲,有元代关汉卿、李直夫、郑德辉、乔梦符、宫大用等剧作家作品,有明代《诚斋传奇》31种;小史类则收录了《剪灯新话》《效颦集》等十几种明代短篇小说集。稍后晁、高二人的福建藏书家徐𤊹也对小说戏曲类图书广为搜罗,他的《红雨楼藏书目》著录文艺类图书甚多,子部小说类收书559种,传奇类收元明杂剧传奇140种。

与徐氏同时的著名藏书家祁承（㸁）三代相传,收藏了大量戏曲、传奇、小说。祁氏于明中期首创澹生堂,闻名遐迩的《澹生堂书目》著录藏书九千多种、十万余卷,其中的子部小说类分说汇、说丛、佳话、杂笔、闲适、清玩、异记、戏剧等八个子目,已收集了不少小说戏剧。长子祁彪佳继承父业,并对戏曲类图书情有独钟,大加发展。他汇集自己收藏的戏曲图书,总结平生戏曲创作活动和欣赏经验,写成《远山堂曲品》和《远山堂剧品》两部戏曲目录专著。《远山堂曲品》收录曲作466种,内容极其丰富,南曲北曲尽收;《远山堂剧品》专收明人杂剧,共242种。祁彪佳之子祁理孙,生活于明末清初,当时祁氏藏书已有大批流散,但祁理孙收拾残余,重新汇聚,他的《奕庆藏书楼书目》说明他仍藏有不少戏曲小说。这部书目将小说戏曲集中著录于子部稗乘类和乐府类,稗乘类收有《古今说海》《唐人百家小说》《宋人百家小说》《皇明百家小说》等大型小说丛书;乐府类则收有《传奇全本》556种,及《元剧百种》《古今名剧选》《名剧汇》等大型戏剧丛书。明中后期非常值得一提的藏书家还有赵定宇、赵琦美父子，赵琦美的《脉望馆书目》中，不仅著录他手校的《古今杂剧》242种，还收录了小说186种。尤为可贵的是他这套被称为"国之瑰宝"的脉望馆抄校本《古今杂剧》，历经数代藏书家的授受传递，至今仍被完整地保存下来，它的流传不仅反映明代戏曲文学的发达，也体现了明代藏书家对戏曲小说倾心爱好的风尚。

除了祁彪佳、赵琦美外，还有许多藏书家在收藏过程中对小说和戏曲进行了整理和研究，成为这一方面的专家学者。比如，杭州藏书家洪楩选编刊刻了《六十家小说》(即《清平山堂话本》)，成为今存宋元小说的重要来源。苏州藏书家顾元庆辑刻《顾氏文房小说》丛书，收古小说一百多种，在清代广为流传。又有浙江长兴的臧懋循刊印的《元曲选》，几百年来成为人们认识元曲的一个重要窗口。

概言之，明代市民文化的兴起，通俗文学的繁荣，影响了私家藏书内容的变化。而明代私家藏书对于通俗文学作品的收藏整理、刊刻传播，则为保存文学遗产，推动通俗文学的持续发展发挥了重要作用。

三、清代朴学考据与藏书风气

明末清初,以顾炎武为代表的一批学者,针对晚明士林空疏不学、习谀踵陋的风气,提出"经世致用""博学于文"的主张,提倡搜集资料、归纳研究、细致考订的治学方法,开清代考据学的先河。这种朴实简洁、引证考据的"朴学"学风,影响了有清一代。

由于朴学考证研究的对象和范围十分广阔,因此,只要学者拥有典籍,坚持"实事求是",下功夫考辨,就能有所发现,所谓"贤者识大,不贤识小,皆可勉焉";再加上清朝康熙以后愈演愈烈的文字狱迫害,学者为了避免触及时政,只能把聪明才智转移到"与世无争,与人无争"的辨字、审音、训诂、名物方面来,于是"此研究法一开,学者既感其有味,又感其必要,遂靡然向风焉"[1]。

由于他们的考据工作是以古代典籍为对象,举凡与考据学相关的经学、史学、目录、校勘、版本、音

---

[1] 梁启超:《清代学术概论》,天津古籍出版社2003年版,第31页。

韵、训诂等各门专学，无不需要博览典籍，大量而广泛地占有各种资料。在书籍流通和知识交流还很不方便的清代，为了工作的便利，学者们自然十分注重藏书，并在可能的条件下，尽量丰富自己的收藏。如清初朴学大师黄宗羲，既是思想家、史学家，又是藏书家，他的藏书楼"续钞堂"收集了明代许多大家的藏书。清中期学者全祖望在谈到黄氏的治学和藏书时说：

> 公愤科举之学，思所以变之。既尽发家藏书读之，不足则钞之同里世学楼钮氏、澹生堂祁氏，南中则千顷斋黄氏，吴中则绛云楼钱氏。穷年搜讨，游屐所至，遍历通衢委巷。薄暮，一童肩负而返，乘夜丹铅，次日复出，率以为常。[1]

黄氏一生著述甚多，有《明夷待访录》《明儒学案》等五十种，这些著作正是他利用丰富的藏书写成的。回过头来看看在学术上私淑黄宗羲的全祖望，也是嗜书如命的学者。他家中藏书五万卷，日不离书，即使

---

[1] 全祖望：《鲒埼亭集》前编卷一一《梨洲先生神道碑》，《四部丛刊》本，上海书店出版社1989年版。

在外任职或舟车旅途,也必捆载大量图书随行。他曾自况曰:

> 余生平性地枯槁,泊然寡营,其穿穴颠倒不厌者,不过故纸陈函而已。年来陆走软尘,水浮断梗,故园积书之岩偶津逮焉,而不能暖席。特蓬窗驿使,不能一日无此君。家书五万卷中,尝捆载二万卷,以为芒油衣之伴。[1]

全祖望就是利用了这些典籍资料,完成了三十余种著作,其中如思想史巨著,续补黄宗羲的《宋元学案》100卷外,尚有《七校水经注》《汉书地理志稽疑》等精彩的考证著述。总之,清代那些学有成就的学者,如朱彝尊、徐乾学、惠栋、戴震、段玉裁、杭世骏、翁方纲、严可均、莫友芝等等,无不专心收集典籍或与友朋互相借阅,以资治学。而当人们在评述这些学者的学术成就时,也常常忘不了要提到他们的藏书。例如,记载清初著名校勘学者何焯的事迹时,他的门

---

[1] 全祖望:《鲒埼亭集》外编卷一七《春明行箧当书记》《四部丛刊》本,上海书店出版社。

第三章 学术文化风尚与典籍传藏

生沈彤说:"先生蓄书数万卷,凡经传、子史、诗文集、杂说、小学,多参稽互证,以得指归。"[1] 又如,乾嘉考据学家钱大昕介绍另一学者卢文弨时说:"抱经先生精研经训,自通籍以至归田,铅椠未尝一日去手。奉廪脩脯之余,悉以购书。遇有秘钞精校之本,辄宛转借录。家藏图籍数万卷。"[2]

这些记述,反映了学者藏书治学之风尚。其实不独学界是这种状况,当时整个社会,上自清室帝王、达官贵人,下至一般的富商大贾、乡绅地主也都从风而靡、搜罗书籍。清廷帝王的"从风而靡"自然不是被动的,而是要引导这种"朴学"的学风,进一步向有利于清朝统治的方向转化。康、雍、乾三朝君主,皆极为重视典籍的编纂,据统计,三朝间内府刊刻抄行的钦定诸书数量很多,计有经部 27 种、953 卷;史部 79 种、5738 卷;子部 34 种、111718 卷;集部 19 种、3410 卷;共 159 种,121819 卷。其中规模较大的是康熙皇帝组织编纂刊刻的大型类书《古今图书集成》10000 卷;乾隆皇帝时纂修的大型丛书《四库全书》

---

[1] 沈彤:《果堂集》卷一〇《义门先生行状》,清光绪十七年刻本。
[2] 钱大昕:《群书拾补序》,见卢文弨《群书拾补》,中华书局 1985 年版。

79309卷。

在清廷的鼓励下，一些达官贵人也身体力行，倡导考据之学，如毕沅、阮元等人。以阮元而言，他曾历官学政、总督、体仁阁大学士、太子太傅等职，一生宦迹显要，但所到之处，皆以提倡朴学考据为己任。他在杭州设立诂经精舍书院，在广州设立学海堂书院，自己亲自讲课，让诸生研习汉学。他主编《经籍纂诂》，撰写《十三经注疏校勘记》《积古斋钟鼎款识》等训诂、校勘、金石著作。为了推行朴学，他收藏有大量典籍，私藏就有扬州文选楼、杭州灵隐、镇江焦山等几处。他亲自订立藏书条例，规定藏书、借阅、编目、保管等方法，将藏书提供给书院诸生及有关士人借阅。阮元不仅藏书多，刻书也多。他利用当时的地位和财力，组织一批文人，校勘群书，刊刻了《十三经注疏》《皇清经解》等一批重要典籍。

有皇帝和达官的提倡，于是上行下效，一般的官商乡绅们也要"附庸风雅"。他们藏书列架，竞言考订。不少商人因货殖余利，于是便购藏书籍，醉心鉴赏，有的甚至成为闻名海内的大藏书家。知不足斋主人鲍廷博就淡泊科举仕途，善于经营货业，饶资财，好藏书刻书,他以家藏书刊刻的《知不足斋丛书》收书数百种,风行士林,为人称道。两淮商人马裕继承先辈大量藏书,他在乾隆间四库馆征集图书时,献书七八百种,名居榜首,献书数量超过了"天一阁""知不足斋"等著名藏书楼;从四库馆臣的角度来看,他捐献的图书质量也不错,其中被著录的有144种,被存目的有226种,被著录和存目的种数仅次于"知不足斋",名列第二。有些商人则因当时流行的藏书风气有利可图,而转向经营书业。当时的书坊、书肆非常繁荣,清人方朔在《金台游学草厂肆》里形容北京琉璃厂的场面,他说:"都门当岁首,街衢多寂静。惟琉璃厂外二里长,终朝车马常驰骋。厂东门,秦碑汉帖如云屯;厂西门,书籍笺素家家新。"[1]由此可略见当时书业兴盛之一斑。在清代朴学学风的影响下,身处封建文化总结期的文人学者,为朴学考订、爬梳整理历代文化遗传的风气所鼓舞,他们自然倾心于典籍,于是购书、藏书、校书、考订、刻印、流传,藏书考订蔚为风气。由于朴学的提倡,藏书事业得以发展;

---

[1] 转引自孙殿起:《琉璃厂小志》,北京古籍出版社1982年版,第8页。

而藏书供研究之需,朴学才发扬光大。陈登原先生曾说:"吾人敢为一言,即吾人欲明清学之所以盛者,虽知其由多端,要不能与藏书之盛,莫无所关。"[1]此言清楚揭示了学术文化风尚与典籍传藏之间互相促进、互为因果的密切关系。

---

[1] 陈登原:《古今典籍聚散考》,上海书店出版社1983年版,第319页。

第四章　文化情结与藏书心态

中国古代私家藏书历史悠久，它和公家藏书一起，为保存古代文化遗产，传承和发展民族文化，做出了巨大的贡献。相对公家藏书而言，私家藏书的主体自觉自愿，废寝忘食，甚至抛家舍业的藏书活动，在中国藏书史上留下了更为动人的篇章。人们在了解古代藏书家许多矢志藏书的事迹后，往往会产生这样的疑问，是什么力量促使藏书家如此苦心孤诣，投入大量的财力、精力，蓄书保藏、毕生经营甚至数代相继呢？以往的藏书史研究尚未充分阐释这个问题，大多将其归结于藏书家对文化遗产的热爱。这固然是古代藏书家文化情结的主流方面，但又并不是全部。其实，促使藏书家致力藏书的潜层心理因素是多方面的，既有积极的、正面的因素，又有消极的甚至是变异的因素。

本文拟从文化心态研究的角度,透视藏书家不同的精神寄托和追求,在文化心理的深层把握私家藏书这种文化现象的多样性和复杂性,以便人们能对藏书活动的不同行为表象做出更为合理的解释和准确的评价。

一、文化认同的心理

古代私家藏书的文化心态有多种多样,但其根本的思想基础,是中华民族历久弥坚的文化认同心理。文化认同的心理促使人们高度重视历史文化遗产,而注重保藏、传承文化典籍便是这种文化心态突出的行为表象。从古代藏书史来看,尽管历代藏书家藏书的目的和情趣各不相同,但他们却对文化典籍怀有一样的敬意和热爱。这种敬爱的根源,就是人们对于世代相传的文化传统的认同。我们中华民族的文化传统,以历史悠久、源远流长而闻名于世,绵延五千年的历史从未间断,表现了这一伟大文化所具有的罕见的传承力量。同世界其他文化比较,可以看到,这一伟大文化始终保持着清醒的理智和人文精神,从未陷入宗教神学的迷狂;这一伟大文化的每一代传人总是从以往的历史中追寻先人的足迹，探求真理和智慧。在中华民族的文化观念中，"历史"既是知识的渊薮，又是社会价值标准的来源。它不是僵死的过去，而是富有生命力，并对现实仍有巨大影响的事实。因此殷周时期的先贤们就教育人们要"古训是式"[1]，"多识前言往行，以畜其德"[2]。文字产生以后，书籍作为记载"前言往行"等传统文化的主要载体，自然受到人们的重视和热爱。

春秋时期，孔子"信而好古"[3]，为了"追迹三代之礼"，他删《诗》《书》，定《礼》《乐》，修《春秋》，序《易传》，传之七十弟子。于是书籍的产生和发展，便与人们对传统的承继意识建立了最密切的关系。人们通过书籍追寻文化传统，承继和发扬文化传统。唐朝《隋书·经籍志》著录四部典籍，在纵论书籍传承文化的重要性时说："夫经籍也者，机神之妙旨，圣哲之能事。所以经天地、纬阴阳、正纪纲、弘道德，显仁足以利物，藏用足以独善，学者将殖焉，不学者将落焉。"

---

[1] 《诗经·大雅·烝民》，中华书局 1991 年版。

[2] 《周易·大畜》，贵州人民出版社 1994 年版。

[3] 朱熹：《论语集注》卷四《述而》，中华书局 1985 年版。

这段话，概括地说明了书籍作为凝聚传统文化的结晶，是千千万万学子承袭人文精神，修身、齐家以至治国、平天下的根本依据。因此，保藏书籍就是保存文化、保存传统。这种文化心理被不断强化而固定了下来，它成为私家藏书最基本，也是最崇高的文化心态。古代许多学者、藏书家正是基于对民族传统文化的坚定信仰，以及对弘扬传统文化的巨大热情和责任感，收书、藏书、校书、刻书，把古代的藏书事业不断推向了高潮。

二、以读书为乐的意识

中华民族传统中历来有以读书为乐的强烈意识。那么，读书乐，乐在何处呢？首先，人们把书籍看作是做人的依据，把读书看作是人生路程的起步。早在南北朝时，颜之推就在他的家训中用浅显的例子告诫子弟，说明了"不读书，难为人"的道理。他形容那些不念书的"白丁"，"及有凶吉大事，议论得失，蒙然开口，如坐云雾；公私宴集，谈古赋诗，塞默低头，欠伸而已"。他说，旁边看到的人，都为之羞愧，恨

第四章 文化情结与藏书心态

不能"代其入地"。与其这样长受一生愧辱,何不勤学数年,享用读书之乐呢?[1]到了唐朝,诗人韩愈已把知书看成做人的根本,他在《符读书城南》诗中说:"人之能为人,由腹有诗书。"宋代文学家苏轼则说:"自孔子圣人,其学必始于观书。"[2]他将读书向学看作圣人和学子必经的共同路径。到了明代藏书家祁承㸁,更是搜罗汉宋之间以读书为乐的人事23则,辑为《读书训》,用以教诫子弟。读书乐,还由于书中凝聚了古往今来人文精神的瑰宝,爱书人可以通过读书品味个中情趣,赏心悦目,陶冶情感。明代藏书家高濂把读书比作跨越千古,与古圣贤哲对面交谈。他说:尝耽书,每见新异之典,不论价之贵贱,以必得为期,其好亦专矣。故积书充栋,类聚门分,时乎开函摊几,俾长日更深,沉潜玩索,恍对圣贤,面谈千古,悦心快目,何乐可胜?古云开卷有益,岂欺我哉。[3]这种在读书中超越时空局限,使主体达到升华的境界,确

---

[1] 颜之推:《颜氏家训·勉学》,中州古籍出版社2008年版。
[2] 苏轼:《苏轼文集》卷一一《李氏山房藏书记》,中华书局1986年版。
[3] 高濂:《遵生八笺校注》之五《燕闲清赏笺》,人民卫生出版社1994年版。

实不是一般乐事所能比拟的。明代藏书家徐𤊹也曾自述读书之乐,曰:"余尝谓人生之乐,莫过闭门读书。得一僻书,识一奇字,遇一异事,见一佳句,不觉踊跃。虽丝竹满前,绣罗盈目,不足喻其快也。"余友陈覆吉云:居常无事,饱暖读古人书,即人间仙岛。旨哉言也。[1] 徐𤊹的读书乐,是一种增长见闻的快乐,是一顿精神的饱餐。"虽丝竹满前,绣罗盈目,不足喻其快也",照他说来,这种快乐同样也是其他境遇无法相比的。蕴含在文化传统中的这种读书意识,是一种不含功利观念的、自然的"天欲",它不计较任何物质利益和功名利禄的得失,故能淡泊俗欲,一往无前地追求高尚的精神情趣。南宋藏书家许斐隐居"梅屋",安贫爱书,以藏书读书为乐,他的《梅屋书目自序》颇能说明这种淡泊名利、以读书为乐的传统精神。序曰:"余贫喜书,旧积千余卷,今倍之,未足也。肆有新刊,知无不市;人有奇编,见无不录,故环室皆书也。或曰:嗜书好货均为一贪,贪书而饥,不若贪货而饱;贪书而劳,不若贪货而逸。人生不百年,何自苦如此?

---

[1] 徐𤊹:《笔精》卷六《读书乐》,福建人民出版社1997年版。

答曰：今人予不知之，自古不义而富贵者，书中略可考也，竟何如哉？予少安于贫，壮乐于贫，老忘于贫，人不鄙夷予之贫，鬼不揶揄予之贫，书之赐也。如彼百年，何乐之有哉！"由此见得许斐真知读书乐趣。在"贪"书和贪钱之间，弃钱而择书，在物质生活贫乏和精神生活贫乏之间，宁可承受物质生活的贫乏，而以精神生活的丰富为自豪。他认为正是因为藏书读书，有了丰富的知识和高尚的情趣，所以世俗的人们不会因其贫穷而轻视他，阴间的鬼神也不会因其贫穷而讥笑他。我们说，正是这种追求图书的"天欲"，这种以读书为乐的传统精神，造就了中国古代的藏书事业一代胜似一代，不断繁荣发展的局面。文化的认同心理和以读书为乐的意识是古代私家藏书的基本心态，是推进私家藏书事业不断繁荣发展的根本驱动力，也是古代藏书家可贵精神之所在。

三、"遗金满籯，不如一经"的心态

"遗金满籯，不如一经"的思想，是一些藏书家藏书的出发点。他们认为，与其传给子孙大批钱财，不如传给子孙求知长进的书籍。清代藏书家徐乾学有一方藏书印就叫"黄金满籯，不如一经"。徐氏的印文反映了自唐宋以来逐步发展的一种藏书心态。这种心态的产生，既有中国封建社会孝慈伦理观的烙印，又有"读书做官""望子成龙"心理因素的影响。首先，在封建的宗法制度下，"臣事君，子事父，妻事夫"是天下之常道，但反过来君、父、夫也对臣、子、妇负有伦理道德上的义务。在父子这对关系上，子对父孝，父对子慈，慈不仅体现在有所养，而且还要有所传。在封建社会里，父子相传的事例比比皆是，大自父死子继的皇位相传，小至父子授受的家学相传、田地财产的家业相传。随着"万般皆下品，唯有读书高"价值观念的形成，家业相传增加了新的内容，不仅要传钱财，而且要传书，甚至认为传书胜于传钱财，因为读书有望当官。唐初李袭誉在江南为官时，常以俸禄雇人抄书，蓄书数车，他对子孙说："吾近京城有赐田十顷，耕之可以充食；河内有赐桑千树，蚕之可以充衣；江苏所写之书，读之可以求官。吾没之后，尔曹但能勤此三事,亦何羡于人?"[1]江苏所写之书即指江南抄书,因唐初尚未有雕版印刷,藏书皆为写本、抄本。这段话明白交代了藏书作为衣食之外的第三份家产,是传与子孙读书做官的。李袭誉传书时还是和田产等相提并论的,宋代以后,轻财重书,"遗金满籯,不如一经"的观念越来越强烈。北宋藏书家李畋实承先人遗业,扩充藏书至万余卷,他说:"遗子孙黄金满籯,不如一经。亲既以是遗我,我复以是遗子,子子孙孙用之不竭,况万卷之多乎?庶几我之富在此而不在彼也。"[2]他自豪的是"我之富在此不在彼也",而且很明显,在他看来藏书之富要远胜于钱财田产之富。清代有些藏书家也是这样看问题的,例如,丘晋昕在他的《九十九峰草堂文钞·藏书记》中说:"今世士大夫好积财帛,以厚子孙,心醉目营,甘为牛马,未几华屋山丘。以不义之籯金,供不资之挥霍,家破名裂,卒为世笑……转不如油素缥缃,方愚益智,后人能读,可为保世滋大之基。即不能读焉,无所于恶。"他认为传书优于传财,过多的钱财会使子孙沉湎于享乐之中,

---

[1] 刘昫等:《旧唐书》卷五九《李袭誉传》,中华书局1975年版。
[2] 邹浩:《道乡先生文集》卷三六《李季伴墓志铭》,清道光刻本。

反生祸害,而书籍却能使之益智,进而"保世滋大",建立功名,是有益无弊的。丘晋昕的话详细阐明了为何"遗金"不如"遗经"的道理。又如广东藏书家梁廷枏,平日食用俭朴,不敢多有所耗,而买书却不计费用,他以为藏书"可长守勿失,以是贻子孙,俾获耳目濡染于博雅之林,胜于奢靡服食者远甚"[1],梁氏以书籍相传,希望子孙耳濡目染,虽不能为官,或可跻身于"博雅之林"的想法,也是这类藏书心态的愿望。"遗金满籝,不如一经"的藏书心态进则可望子读书做官、保世滋大;退则可防子孙因财产而奢靡衣食、家破名裂。因此,这类藏书家把藏书看作是有百利而无一弊的遗产。

四、藏书私密、祈求永保的心态

历代藏书家都渴望自己的藏书"子子孙孙,世代永保",这种渴望自然是源于绝大多数藏书家得书之不易与藏书之艰辛。于是许多藏书家都有告诫子孙继

---

[1] 何多源:《广东藏书家考》《广州大学图书馆季刊》第1—2卷,1935年。

第四章 文化情结与藏书心态

承先志、保存藏书的家训、族训。唐开元时藏书家杜暹藏书万卷,为了教育子孙保护典籍,他在每一部书上都题有"家训":"清俸买来手自校,子孙读之知圣道,鬻及借人皆不孝。"[1]这是最早可考的藏书家所立的训斋诫。

宋代以来,藏书家关于保护藏书的禁约渐次增多,立禁目的是善保图书,世代永传,主要内容不外是杜暹提到的"鬻及借人"两个方面:一是禁将图书售换财物,二是禁将图书借与外人。元代学者赵孟頫就曾在藏书卷末题辞曰:"吾家业儒,辛勤置书。以遗子孙,其志何如。后人不读,将至于鬻。颓其家声,不如禽犊。苟归他室,当念斯言。取非其有,勿宁舍旃。"[2]赵氏虽贵为文人雅士,显名当世及后代,但因爱书心切,出言亦不顾温文尔雅了。他不仅严诫子孙,不能卖书作禽兽行;而且还警告他人,"取非其有,勿宁舍旃",不要对赵家藏书有非分之想。这种严禁子孙鬻书的戒约在传世的明清藏书印文中还可以找出许多。

---

[1] 周辉:《清波杂志》之《借书》,上海古籍出版社1991年版。
[2] 叶德辉:《书林清话》卷一〇《藏书家印记之语》,辽宁教育出版社1998年版。

告诫子孙不得售卖图书是私家藏书祈求藏书永保心态的反映。又有一些藏书家不仅禁戒图书出售,还禁藏书出借。为保藏书永存,他们甚至椟藏典守,扃其楼钥,使举世不得寓目。此时,他们祈求藏书永保的心态已经发展为藏书私密的心态。明代范氏"天一阁"一开始就立下了"代不分书,书不出阁"的族训。这些禁戒确实为避免图书流失发挥了作用,但往往也禁锢了图书的传布。清代私家藏书关于"藏书不出户"的规定也很多,"海源阁"杨以增就训示子孙,要让藏书"奕世相传,珍秘逾恒";"石笋馆"主人杨继振也在他的长篇印文里告诫子孙"勿以鬻钱,勿以借人,勿以贻不肖子孙"。总之,明清之际,私家藏书以深藏为旨的风气有愈演愈烈之势,他们对待图书"以独得为可矜,以公诸世为失策也"。"故入常人手犹有传观之望,一归藏书家无不绨锦为衣,旃檀作室,扃钥以为常。有问焉,则答无有。举世曾不得寓目,虽使人致疑于散佚,不足怪矣。"[1]从直接原因上看,藏书私密心态是出于藏书家保守图书的目的。从根本上看,藏书私

---

[1] 曹溶:《流通古书约》,上海古典文学出版社1957年版。

第四章 文化情结与藏书心态

密的心态是封建私有制经济形态的产物,特别是受封建小农经济一家一户、封闭的生产模式的影响,私家藏书极易形成藏书珍秘、家业世守的心态。古代藏书家总是希望图书"久传后世,津逮子孙",甚至企图通过藏书私密来确保图书的安全。但是由于封建社会生产力的落后,以及封建王朝改朝换代不断发生的政治动乱,因此藏书家永保藏书的愿望最终都难以实现,正如清末叶德辉所说的:"诸人皆眷眷于子孙,究之藏书家鲜有传及三世者。"[1] 以历代藏书家观之,子孙不克永保者比比皆是,而宋明以来,大藏书家所蓄书在身前身后由于各种原因的湮没和流散,尤昭昭在人耳目。这就使藏书家们产生一种莫名的恐惧,这种恐惧随着收藏的逐渐丰富、珍贵而与日俱增,甚至认为对某些珍本善本的收藏,是冲撞了鬼神,所谓"一聚是物者,必然取去,岂非物之美者,人心所在,鬼神临之,小有小异,大有大异"[2]。清代藏书家黄丕烈在他的题跋中也说:"俗人以余好收古书,动以泄天地奇秘

---

[1] 叶德辉:《书林清话》卷一〇《藏书家印记之语》,辽宁教育出版社 1998 年版。
[2] 郎瑛:《七修类稿》卷一八,中华书局 1959 年版。

为戒。忆春初遭大儿之变，亲友劝余勿再收藏，然余反藉此消遣，故校此书时，犹在大儿七中。夏秋以来，心绪略定，不谓九月下旬，又值伯兄去世，伦常间多不如意事，造物之忌，其果然耶？"[1]于是，明清不少藏书家在痛感人力不济之余，祈求冥冥之中的神灵保佑，迷信鬼神造物对于书籍事故的主宰。如明末清初藏书家毛晋就在藏书印上刻写"在在处处有神物护持"的祈语，清代藏书家张蓉镜则在藏书中血书"佛"字，希望藏书无水火蠹食之灾。这些思想反映了藏书活动中祈求鬼神保佑图书的心态，折射出私家藏书聚书难，藏书、守书更难的客观情况，这是藏书家们一种无可奈何的精神寄托。

五、藏书公开的心态

私人藏书是应深秘封闭还是公开借阅，历来是藏书史上两种不同的藏书态度和价值观。在藏书史上，私人藏书公开借阅的现象最早出现于魏晋南北朝时

---

[1] 黄丕烈：《士礼居藏书题跋记》卷四《茅亭客话》题跋，周少川点校，书目文献出版社1989年版。

期，如三国西蜀的向朗藏书丰富，他"开门接宾，诱纳后进"，藏书供人阅览。《晋书·儒林传》记载："范平，家世好学，有书七千卷，远近来读者，恒有百余人。"他的孙子范蔚还为来读书者筹办衣食。《南齐书·文学传》也记崔慰祖"聚书万卷。邻里年少好事者来从假借，日数十帙，慰祖亲自取与，未尝有辞"。宋代以后，藏书私秘的情况渐多，甚至还出现了所谓"借书一痴，还书一痴"的恶习，为书林中有识之士所不齿。金元之际学者刘祁，曾指斥借书不归的荒谬，他说：昔人云："借书一痴，还书亦一痴。"故世之士大夫，有书多秘之；亦有假而不归者，必援此。余尝鄙之，以为君子惟欲淑诸人，有奇书当与朋友共之，何至靳藏，独广己之见闻？果如是，亦狭矣。如蔡伯喈之秘《论衡》，亦通人之一蔽，非君子所尚，不可法也。其假而不归者，尤可笑。君子不夺人所好，己所不欲，勿施于人。岂有假人物不归之者耶？[1]刘祁不仅针砭借书不还的做法，同时也鄙夷藏书私密的狭隘心态，他主张"有奇书当与朋友共之"，表达了学界书林中要求流通藏书、

---

[1] 刘祁：《归潜志》卷一三，中华书局1986年版。

公开私密的呼声。明清两代,虽然私密的风气不减,但藏书公开的观念也在不断深入人心,成为不少藏书家积极的藏书心态。

其一,藏书家意识到图书是天下公器,把私密图书、禁锢学术看作一种罪过。比如明季江阴李如一就以传播遗书秘册为己任,以慷慨借书为美德,钱谦益说他"好古嗜书","每得一遗书秘册,必贻书相闻,有所求假,则朝发而夕至"。李如一认为:"天下好书,当与天下读书人共之!古人以匹夫怀璧为有罪,况书之为宝,尤重于尺璧,敢怀之以贾罪乎?"钱谦益将此称为"达言美谈",并为之赞叹不已。[1] 与李如一同时的福建藏书家徐𤊹在批评"斗奇炫博,乐于我知人不知,宝秘自好而不肯传"的私密心态时,则提出了"以传布为藏"的观念,[2] 同样主张藏书家以传播图书、传播文化为己任。

其二,藏书家认识到藏书私密的结果只能使典籍悄然湮没,互相封锁的结果与人与己都不利。明末清初的曹溶就十分反对封锁图书的做法。他认为,虽然

---

[1] 钱谦益:《绛云楼题跋·〈草莽私乘〉跋》,中华书局1995年版。
[2] 徐𤊹:《笔精》卷六《藏书》,福建人民出版社1997年版。

书不借人"无可尽非",但"我不借人,人亦决不借我,封己守株,纵累岁月,无所增益,收藏者何取焉?"他有鉴于深秘藏书易使图书形踪永绝的危险,在《流通古书约》中提出了一套互通有无、抄录相易的方法,并呼吁有财力的藏书家刊刻典籍,为古书"续命",以广流传。这种互利互惠、促进古书流通的思想在当时有很大影响。清乾嘉时藏书家张金吾、宋咸熙提倡藏书公开,无偿提供图书借阅,甚至赠书的行为和思想,又比曹溶更为先进。张氏指出深秘藏书害书害己,他说:"若不公诸同好,广为传布,则虽宝如球璧,什袭而藏,于是书何裨?于予又何裨?"因此他抱着"乐与人共,叩必应"的态度,对外从不吝借图书。[1]仁和藏书家宋咸熙则继承先父宋大樽传布藏书的遗风,他的《借书诗序》曰:"藏书家每得秘册,不轻示人,传之子孙,未尽能守,或守而鼠伤虫蚀,往往残缺,无怪古本之日就湮没也。先君子藏书甚富,生时借钞不吝。熙遵先志,愿借于人,有博雅好古者,竟赠之,作此以示同志。"[2]宋咸熙认为,藏书私密加速了古书的湮

---

[1]　缪荃孙:《艺风堂藏书续记》,通津草堂本。
[2]　宋咸熙:《思茗斋集·借书诗》,清道光刻本。

没，因此他要以公开藏书，使图书得到更好的传布和保存。《借书诗》中有"能抄副本亟流播，劫火来时庶不湮"的诗句，表达了他的心志。

其三，藏书家还认识到，图书深椟珍秘，只是藏而不读；相反，只有流通藏书、传布藏书，才能有利于自己读书，达到"散于人转以聚于己"的效果。对于这一点，清代著名诗人袁枚有深切的体会。袁枚号简斋、随园老人，有"所好轩"藏书楼，藏书达四十万卷。在乾隆时四库馆征书期间，袁枚将藏书散出，"传钞稍稀者，皆献大府；或假宾朋，散去十之六七"。他在《所好轩记》《散书记》《散书后记》《黄生借书说》等文章中多次谈到他的藏书，表达了传布藏书的思想。他认为深秘藏书，图书得不到利用，最终反易亡失。他从自己的藏书经验中总结出"散于人而聚于己"的奥妙。他说："凡物恃为吾有，往往庋置焉，而不甚研读。一旦漓然欲别，则郑重慎谛之情生。予每散一帙，不忍决舍，必穷日夜之力，取其宏纲巨旨，与其新奇可喜者，腹存而手集之。是散于人，转以聚于己也。良田千畦，食者几何耶？广厦万区，居者几何耶？从来用物宏，不如取精，多删其繁芜，然后迫

第四章 文化情结与藏书心态

之以不得不精之势,此余散书之本志也。"[1]袁枚藏书善用,以公开藏书、传布藏书而利己利人利书,这是达观向上的藏书心态。

其四,以公开藏书嘉惠学子,真正造福后人,是许多藏书家开放藏书的心愿。比如,清道光间学者孙衣言,与其子、专治《周礼》的经学家孙诒让辛勤聚书,其家"玉海楼"藏书八九万卷。孙衣言主张藏书致用,他不仅督促子孙读书,还鼓励乡里学子到他的藏书楼念书。他在开放玉海楼藏书时,专门通告曰:"乡里后生,有读书之才、读书之志,而能无谬我约,皆可以就我庐,读我书。天下之宝,我固不欲为一家之储也。"[2]

清光绪年间藏书家国英藏书两万余卷,为表明不私密图书的态度,将藏书楼命名为"共读楼"。国英开放藏书的愿望也是为了嘉惠学子,培养人才。他说:"愿嗜古者,暇辄往观。果就夫性之所近,谙练其才,扩充其识,将可以济时局,挽颓俗,储经邦济世、安民正俗之学,为异日报国资,是则余之厚幸而切望也

---

[1] 袁枚:《小仓山房文集·散书记》,上海古籍出版社1995年影印本。
[2] 孙衣言:《逊学斋文续钞》卷三《玉海楼藏书记》,清同治十二年刊本。

夫。"[1]他寄厚望于开放藏书，培育学人，为国家储备济世安邦人才，其观念又具有更深一层的意义。藏书公开的心态和观念经过一批藏书家的倡行推广，逐步形成了一种思想倾向。这里要特别提出的是，乾隆时期山东藏书家周永年，更把这种藏书观念发展为完整的公共儒藏理论。周永年认为古来藏书"不为不多，然未有久而不散者"，究其散失的原因，在于私密而不能公开。因而在明人曹学佺"儒藏"之议的基础上，借鉴释藏、道藏的藏经传播方法，著述《儒藏说》十八篇。《儒藏说》以"俾古人著述之可传者自今日永无散失，以与天下万世共读之"为目的，批驳了一些孤陋庸妄的说法，提出了组织公开阅览的藏书室，为天下好学之士提供方便的公共儒藏思想。他具体地规划了公共儒藏的建设方案，拟成"儒藏条约三则"：一是选择地点，建义学设义田，有书者出书，有钱者捐钱，形成一个公共藏书点，然后编定《儒藏未定目录》，依目求书，由少而多，逐步积累；二是"千里之内，有儒藏数处"，而藏书之处则宜择"山林间旷之地"，

---

[1] 国英：《共读楼书目》序，清光绪五年刻本。

第四章　文化情结与藏书心态

以避水火之灾；三是利用义田田租的收入作为公共藏书阅览点的费用，并推举"一方老成三五人，经理其事"。其经费可以适当接济前来求学的贫寒之士，"免其内顾之忧"，余款"仍贮存之，以为置书增田之费"。在公共儒藏思想的指导下，他身体力行地为实现这一目标而努力。首先，他相约同乡好友桂馥，一起出资买田地，设立公共儒藏"借书园"，并将自己辛苦收集的五万卷图书藏在"借书园"中，供四方学人阅览传抄。其次，他四处奔走，给师友写信，宣传儒藏乃"艺林中第一要事"，是"万世之利"，呼吁全社会都来关心公共儒藏的建设。

当然，由于社会生产力与观念形态的制约，周永年这种接近于近代公共图书馆的藏书设想，在当时是行不通的，但是，他创立的公共儒藏理论，以及开放藏书的可贵实践，在中国古代私家藏书楼向近代公共图书馆的过渡性进程中，具有筚路蓝缕之功。他的《儒藏说》是中国藏书史上的重要文献。他提倡的公共儒藏学说，反映出中国古代藏书家自我反省和自我意识的增强，说明他们已经具备利用藏书为社会文化事业和学术研究服务的自觉意识和使命感。中国古代的私家藏书至此已经进入了一个自觉向着公共藏书发展的新阶段。

六、其他一些藏书心态

在古代私家藏书文化中,还有一些藏书心态虽然也可以找到其相应的行为事项,但这些藏书心态在藏书家的主体意识中,往往处于附属的位置;或者说,完全以这种心态作为藏书动机的人很少。以下列举的就是这些代表性不甚广泛的藏书心态。

第一例,附庸风雅的藏书心态。这种心态可以看作是读书乐心态的变异。书籍既然是知识学问的象征,藏书自然就形成了儒雅的一种外观表象。在历史上,儒雅作为传统人文精神的化身,是内在美和外在美的巧妙组合。因此,儒雅被封建社会许许多多有身份、有地位的人物所追求和模仿,一些达官贵人、乡绅富贾,尽管他们并不真正以读书为乐,但是他们在社会和潮流面前,不愿意充当无知者与落伍者,于是要附庸"书香门第"这种风雅。附庸风雅的藏书心态,是文化上的顺从心理,这种心理往往伴随一种社会思

第四章 文化情结与藏书心态

潮或文化现象的流行而在一些呼应者的身上形成。特别是清代，由于朴学学风云兴霞蔚，不仅士人言必称考据，对书籍的收藏考订极感兴趣，就是官方也动员了巨大的财力、物力编纂规模巨大的丛书、类书以及其他"钦定"的书籍。藏书习尚蔚然成风，吸引了各阶层人物的投入和参与，其中自然有一些是随波逐流的人物。应该说，藏书文化在潜移默化中确曾将一些原本并不真正爱书的人造就成真正意义的藏书家；但也应指出，有些人的藏书永远只是附庸风雅、装点门面而已。例如清人陈其元在《席闲斋笔记》中嘲笑的昆山县令王安定，蓄宋本而深椟秘藏，只为炫奇夸珍，并不知所用，就是突出的代表。

第二例，藏书消闲的心态。这种心态或多或少地存在于古代藏书家的收藏活动中，有些藏书家在治学之余，观赏书籍，品味楮墨，在清雅之中，寻找一种美的享受，这不仅是无可非议的，其雅致也令人思慕。但有些藏书家则专以藏书作为无聊消遣的对象，这样的心态无疑是消极颓丧的心理状态，是不可取的。以清代藏书家而言，其消闲心态的成因是多方面的，有的是为了躲避清廷"文字狱"的祸害，寻求一个与世无争的"避风港";有的是领教了官场的倾轧而绝意仕宦,无所事事之际,以藏书观赏作为消遣的良法;有的则是由于科举失意,仕途无望,转而以藏书校书排遣胸中郁闷。这种藏书心态,在一些藏书家的题跋、诗文乃至藏书印章中都可以反映出来。清末藏书家叶德辉在他的"校书八善"中所反映的无聊消遣的意味,就很有代表性。如第一善曰:"习静养心,除烦断欲,独居无俚,万虑俱消,一善也。"第七善曰:"长夏破睡,严冬御寒,废寝忘餐,难境易过,七善也。"[1] 可以看出,八善中的这两善,就是将藏书和校书作为解闷消遣的方法,借藏书打发无所事事、寂寞无聊的时光。

第三例,藏书养老的心态。叶德辉在《后买书行》中曰:"赍斧倘有余,罄作收书费。问汝欲何为,老至谋生计。刻书复鬻书,较胜食租税。远法荛圃穷,近贪玉简利。"[2] 他在这段诗句里,表达了藏书目的中的一项,就是"老至谋生计";并且还举了两个例子,一例是黄丕烈荛圃,在年老拮据时,以卖书维持生活;一例是罗振玉玉简在日本买书卖书,颇获其利。应该

---

[1] 叶德辉:《藏书十约·校勘》,辽宁教育出版社1998年版。
[2] 叶德辉:《书林清话》卷九,辽宁教育出版社1998年版。

第四章 文化情结与藏书心态

说，有些藏书家为生活所迫，在穷困潦倒之际，出卖自己的藏书来维持生计，是无可非议的。但如果收书伊始，就打着奇货可居、买卖获利的主意，就未免有些市侩的俗气了。清代藏书家中有些人虽不是书贾，但也颇有这种市侩气，这自然是私有制社会的产物，今天看来也就不足为奇了。

第四例，为封建文化"卫道"的心态。封建社会的藏书家，思想无不打上当时社会意识形态的烙印，只是或多或少，程度不同而已。许多藏书家在收聚图书，或者清理前人遗藏时，总是自觉、不自觉地把那些"离经叛道""不登大雅之堂"的图书排除在收藏范围之外。最为可笑的是清代有位藏书家石韫玉，自觉成为封建文化的卫道士，为铲除异质文化图书不遗余力。他曾对人说："吾辈著书，不能扶翼名教，而凡遇淫词小说及一切得罪名教之书，须拉杂摧烧之。"据记载：石韫玉家置一书库，名曰"孽海"，盖投诸浊海，冀弗扬其波也。一日阅《四朝闻见录》，有劾朱文公疏，拍案大怒。急谋诸妇，脱臂上金跳脱，质钱五十千，遍搜坊肆,得三百四十余部,投诸火。[1] 此公迂腐可笑,人建书楼为藏书,他建书楼为焚书。想见他那为销毁典籍急不可耐、必斩草除根而后快的样子,不仅可笑,而且可恶。

古代私家藏书的文化心态,是与传统文化的积淀、社会物质生产力及社会经济环境紧密相关的。对不同藏书文化心态的剖析,是藏书文化研究不断深化的需要。其意义在于通过对藏书家不同文化追求的考察,认识中国古代私家藏书文化的主流和支流,确认其应予继承或扬弃的对象,以利于当代藏书文化及图书文化的发展。

---

[1] 法式善:《槐厅载笔》卷一四,《续修四库全书》第1178册,上海古籍出版社2002年版。

第五章　古代私家藏书措理之术

古代私家藏书自春秋战国之际产生、发展到清代，积累了丰富的藏书经验。早在汉代就有关于河间献王私人征书的记载，魏晋南北朝时则有许多文献记载反映藏书家抄书、聚书、校勘藏书的事迹。到了唐宋时期，藏书家收书保管的意识越来越强，比如已注意到收藏正副本的作用，唐人柳仲郢所藏必三本，上本色彩华丽用作镇库本，副本作为经常阅读之用，次本则是子弟课业的读本；北宋的王钦臣也是采用这种办法来确保图书的留存。

随着图书事业的发展，宋代出现了郑樵的文献学理论《通志·校雠略》，他分析了历代典籍散亡的原因，说明搜访典籍的必要性，并系统地提出了"求书八法"，藏书的实践经验开始得到理论性的总结，并被后代藏书家奉为圭臬。明代这一类理论性的总结越来越多,如邱浚的《大学衍义补·图书之储》、高濂的《遵生八笺·燕闲清赏笺》、张萱的《西园闻见录·藏书》等。然而最重要的是藏书家祁承㸁在他的晚年所做的《庚申整书小记》和《澹生堂藏书训约》两部作品,前者整理私人藏书的"八法",后者则分"购书"和"鉴书"两部分,分别探讨了收书和鉴别的方法。如果说郑樵等人的著述还是将公私藏书的方法放在一起讨论的话,祁承㸁的著作则是第一次专门对私家藏书揩理之术的系统研究,因此他的著作是清代对于私家藏书方法全面总结的滥觞。

清代由于藏书日兴,许多藏书家在寒暑不辍的长期实践中,又形成了大量行之有效的收藏方法,更有一些有心之士,将这些经验寻绎归纳,著述传世,如清初孙从添的《藏书纪要》,清末叶德辉的《藏书十约》就是两部较有影响的藏书方法专著。它们的篇幅都很短,但都对古书的收藏作了精辟的阐述。《藏书纪要》共列八项,曰购求、鉴别、抄录、校雠、装订、编目、收藏、曝书。藏书十约归为十条,曰购置、鉴别、装潢、陈列、抄补、传录、校勘、题跋、收藏、印记。二书

第五章　古代私家藏书揩理之术

所论皆为古人藏书揩理要旨，归结而言，不外收聚、保藏、管理三端，因篇幅所限，本文不能尽述，试先略析古代私家藏书保藏之术，其余两个方面，将另撰专文阐释。

一、古籍受损的主要自然危害

图书保护是藏书揩理的中心环节。古来藏书，既有由于政治的原因而遭禁毁，又有由于兵燹的原因而致散佚，所以隋代牛弘痛陈书籍"五厄"，明代胡应麟又列"十厄"。但是除了人为的破坏之外，书籍毁于自然因素的情况亦不少，要言之，自然因素的破坏有水、火、虫三大害。尽管历代藏书慎而又慎，但水祸、火灾、虫蛀依然吞噬了大量的古籍，就以古代私家藏书而论，受损失的情况就很严重。下面仅举数端以作说明。

（一）水祸之害。水祸对于私家藏书的毁坏可称"灭顶之灾"，因册页一旦浸水，或泡烂成糊，或粘连板结，无法揭示。宋代私人藏书毁于水祸的如富弼，藏书万卷，神宗元丰七年（1084）因洛阳大水，"率漂没放失"[1]。又如陆游记刘仪凤载书三船归蜀,行至秭归,一舟为滩石所破,书被淹没[2]。明代被水害破坏的私家藏书也有几例,最严重的是周藩朱睦㮮在开封的万卷堂藏书4万余卷,于崇祯十五年(1642)因黄河决堤,全部被河水漂没,荡然无存。清代私家藏书因水害也损失不少。如乾嘉时孙星衍的藏书,就曾在运输的途中浸水受损。叶昌炽《藏书纪事诗》卷五引孙星衍跋云:"过南阳湖舟覆,书数十簏,尽沉湿。顾千里告予,何义门家亦皆沉水,此有义门跋,盖两经水厄矣。"孙氏所跋的《颜氏家训》一书,就是经过水厄之后遭破损的。清初大学者黄宗羲的藏书则由于藏书楼遭水灾而多损。全祖望《二老阁藏书记》追述曰:"太冲(宗羲)先生最喜收书,其搜罗大江以南,诸家殆遍。所得最多者,前则澹生堂祁氏、后则传是楼徐氏,然未及编次为目也。垂老遭大水,卷轴尽坏。"据以上所举数例,可知水厄对书籍的破坏,既可能发生在运输途中,也可能由于藏书处近于江河湖畔,为大水泛滥所浸泡。值得注意的是,水祸还可能由于藏书之处潮

---

[1] 黄伯思:《东观余论》卷下《跋元和姓纂》,清光绪间重刻本。
[2] 陆游:《老学庵笔记》卷二,上海商务印书馆1919年版。

湿，水气蒸滋，而使书籍粘糊板结，最终受损。

（二）火灾之害。火灾对藏书威胁最大。宋代私家藏书中如宋绶、晁说之、李淑、叶梦得、尤袤等藏书大家的收藏都毁于大火。明代藏书家中，则以山东藏书家边贡的损失为惨烈。边贡号华泉，藏书数万卷，据钱谦益所载："华泉弱冠举进士，雅负才名，美丰姿，谙吏事，好交天下豪杰。久游留司，优闲无所事。浏览六代江山，挥毫浮白，夜以继日。""华泉癖于求书，搜访金石古文甚富。一夕毁于火，仰天大哭曰'嗟呼，甚于丧我也'。"[1]而清代私藏遭火劫者，又莫过于钱谦益"绛云楼"。钱谦益为清初藏书家之巨擘。晚年构绛云楼藏书，楼上大椟七十有三，"顾之自喜曰：我晚而贫，书则可云富矣"[2]，殊不料，绛云楼筑成后不久，其幼女和保姆在楼上嬉戏，烛火落于纸堆，引燃烈焰冲天，将书楼与藏书烧毁殆尽。绛云楼藏书的焚毁，是清代私家藏书的一大损失。连钱谦益也自叹曰："甲申之乱，天下书史图籍之大劫也；吾家庚申之火，

---

[1] 钱谦益：《列朝诗集小传》丙集卷一一，清康熙三十七年刻本。
[2] 曹溶：《绛云楼书目·题词》《观古堂书目丛刻》本。

江左书史图籍一小劫也。"[1]除绛云楼外,另有数家藏书惨遭火劫的,如黄宗羲藏书,已遭一水祸,黄氏去世后十八年,又受火灾,藏书只存五分之一,郑性《南雷文约》序:"康熙癸巳,先生家火,遗书仅存五分之一。"郑性继承黄宗羲部分藏书,贮藏书楼"二老阁"郑性藏书传至其孙郑勋,字简香,藏书所剩无几。其散佚,除进呈"四库馆"部分书籍未归之外,主要是由于遭受了火灾。谢振定云:"其所藏书,半帙于四库采辑,写本还真之日,后又不戒于火,虽有存也者,仅矣。"[2]火灾对书籍的损害,除火烛失戒外,还有书籍自燃的情况。康熙中,王士祯《居易录》记载:"杭州孝廉高式清,说其乡张氏,藏书甚富……一日,忽有烟气出楼窗,大惊,往视之,则门户如故,比登楼,烟亦不见。如是者再,为细检视,烟自书橱中出。开橱,则凡天文奇遁之书,悉为灰烬。惟空函存焉,余无恙。"古人不明积物自燃的科学道理,往往附以鬼怪神弄之说。如今看来,书籍自燃,有可能由于曝书后未经透

---

[1] 于敏中:《天禄琳琅书目》卷二,宋本《汉书》条引,中华书局1995年版。

[2] 谢振定:《知耻斋文集·赠郑简香徵序》,道光十八年刻本。

凉。随即上架迭积,温热不散,书叶干脆,遂焙成暗火。也可能由于藏书处灰尘太多,通风不好,而造成静电起火。

(三)虫蛀之害。虫蛀之害是一种慢性的破坏。虽然古代对于防治虫蠹早有方法和措施,再加上虫害毕竟不比水火来势凶猛,毁灭性强,因此古代藏书受虫害彻底破坏的记载较少。但是如果掉以轻心,则损失也是惨重的。如明代刘若愚曾记明经厂库内藏书长期无人管理,"屋漏浥损,鼠啮虫巢,有蚛如玲珑板者,有尘霉如泥板者,放失亏缺,日甚一日"[1]。由此可见,虫蛀亦是书籍的大敌,稍不注意,则为所害。就以"天一阁"这种以防蠹蛀著称的藏书楼,传至后代,稍至疏忽,就有虫害出现。光绪三十四年(1908)缪荃孙与其内兄夏闰枝登"天一阁",著《天一阁始末记》曰:"但见书帙乱迭,水湿破烂,另篇散佚,鼠啮虫穿……闰枝归,谓余曰:再阅百年,遗书尽入虫腹,天一阁其泯灭乎?"[2]可以肯定,在古代私家藏书中,虫害的破坏也不可等闲视之。

---

[1] 刘若愚:《酌中志》卷一八《内板经书记略》《正觉楼丛书》本。
[2] 缪荃孙:《艺风堂文漫存》卷三,民国二年(1913)刻本。

二、古代私家藏书的古籍保护

以上列举水、火、虫对私家藏书之害，乃以名家为例，除不能一一列举之外，更有不见文献记载的中小藏书家的损失，不胜计数。古代藏书家在自然损害之后，吸取教训，总结出一些防水、防火、防虫的收藏经验和方法。除了一些散见的记载外，清代孙从添的《藏书纪要》与叶德辉的《藏书十约》则有较为详细的论述。如论藏书楼的防水，孙从添认为要避"卑湿之地"[1]。叶德辉则曰："藏书之所，宜高楼。宜宽敞之净室。宜高墙别院，与居宅相远。室则宜近池水，引湿就下，潮不入书楼，宜四方开窗通风兼引朝阳入室。""窗橱俱宜常开，楼居尤贵高敞，盖天雨瓦湿，其潮气更甚于室中也。""春夏之交，宜时时清理，以防潮湿。四五月黄霉，或四时久雨不晴，则宜封闭。六七月以后至冬尽春初，又宜敞开。"[2] 叶德辉防水防潮的方法较为详尽，概括而言，有几个方面：一是藏

---

[1] 孙从添：《藏书纪要·收藏》，上海古典文学出版社1957年版。
[2] 叶德辉：《藏书十约·收藏》，民国八年（1919）刻本。

第五章 古代私家藏书措理之术

书宜在高楼，则可避洪水泛滥浸泡之祸，也可隔离开地面，免潮湿水气；二是筑高墙，远宅居，目的在于隔绝水源，同时也可以隔绝火源；三是如无高楼的条件，座地之室则宜有蓄水之池，以便"引湿就下"，这一点与孙从添消极地避卑湿之地有所不同，具有主动导流防潮的功效；四是主张经常开窗通风，目的在于驱潮气，免霉烂生虫，当然开窗通风也因时因地而不同。

至于防火，东晋时就有关于汉代曹曾"石仓藏书"之说，王嘉《拾遗记》卷六说曹曾藏书万余卷，"及世乱，家家焚庐，曾虑先文湮没，乃积石为仓以藏书"。这可以说是最早见于记载的私人藏书防火措施。除石仓防火外，有的藏书家干脆就把书楼建在水中，以水断火，如明代金华藏书家虞守愚"藏书数万卷，贮之一楼，在池中央，以小木为构，夜则去之"[1]。水中楼阁固然可防火，但是又难免有水气潮湿的威胁。因而孙从添还是对石仓藏书最为赞赏，他说："古有石仓藏书，最好，可无火患，而且坚久，今亦鲜能为之。惟

---

[1] 谢肇淛：《五杂俎》卷一三，明刻本。

造书楼藏书，四围石砌风墙，照徽州库楼式乃善。不能如此，须另置一宅，将书分新旧抄刻，各置一室封锁,钥匙归一经管。每一书室,一人经理,小心火烛。"[1] 石仓藏书虽好，但后世要照此办理却也很难，因此孙氏借用了徽州库房砌石墙、断火源的办法来保护藏书；他还提出书室专人专管，小心火烛的办法。在小心火烛这方面,叶德辉进一步提出了"灯烛字篓,引火之物,不可相近"的主张[2]，这实际上是天一阁"约不携烟火"严格的避火措施的翻版。总之，各种防火之法归结起来不外两方面，一是用石、用水隔断外来蔓延的火源，二是严禁或严格控制书楼内的用火。

至于防霉防虫之法，我国的防蠹技术应该说是比较发达的。早在公元前一世纪，西汉刘向在整理图书时，就运用"杀青"的方法来进行典籍防蠹了,《后汉书》卷六四《吴佑传》的一段注文说："新竹有汁，善朽蠹。凡作简者，皆于火上炙干之。以火炙简，令汗去其青，易书复不蠹，谓之杀青。"此后三国鱼豢的《典略》、北魏贾思勰的《齐民要术》等等，论述典籍防蠹

---

[1]　孙从添:《藏书纪要·收藏》,上海古典文学出版社 1957 年版。
[2]　孙从添:《藏书纪要·收藏》,上海古典文学出版社 1957 年版。

的技术和方法越来越多,归结起来,藏书防蛀防霉可有如下四则:

其一,染纸避蠹。这是一种将具有驱虫效力的植物汁液或矿物质染在纸上,以防止虫害蛀蚀的办法。染过的纸可以直接用来抄书、印书,也可作为书的附页。在东汉末年刘熙的《释名》中提到了"潢纸",他把"潢"解释为"染纸","潢"字作为染纸意义的出现,说明当时人们知道了纸书防蠹的方法。到了魏晋南北朝,染纸避蠹的方法被更广泛地运用,制作技术也更为娴熟。北魏贾思勰在《齐民要术》第三十《杂说》中指出:"黄蘗浸汁染书,用以辟蠹。"他又进一步详述染纸的技术:

> 凡打纸欲生,生则坚厚,特宜入潢。凡潢纸灭白便是,不宜太深,深则年久色暗也。入浸蘗熟即弃渣,直用纯汁,费而无益;蘗熟后滤渣,捣而煮之,布囊压讫,复捣煮之,三捣二煮,添和纯汁者,其省功四倍,又弥明净。

染纸后来也有用黄柏捣碎,加水煎熬,取汁染制的。宋人赵希鹄在《洞天清禄集》中曾说："染以黄柏，取其避蠹。"明人高濂在《遵生八笺·燕闲清赏笺》中曾详述黄柏染纸之法。唐代多用硬黄纸写经，如敦煌经卷，故能保持千余年依然完好。唐代还有用"碧纸"写经的，碧纸也是一种染纸，染汁的主要成分是蓝紫色的结晶体"靛蓝"，如写于十世纪中的《法华经》就是碧纸写本。宋代使用的染纸还有"椒纸"，是一种用胡椒、花椒或辣椒的浸渍液渗透纸中的防蠹纸，在叶德辉的《书林清话》卷六《宋印书用椒纸》一文中对宋代椒纸有所记述。而到了明清时期，广东南海一带，则发明了另一种防蠹纸"万年红"，其特点是将红丹涂在纸上，红丹的主要成分是四氧化三铅，它的毒性可以毒死蛀虫，而在空气中则性能比较稳定，故防蠹作用可以耐久。当时广东的线装书多在扉页和封底衬上一页"万年红"作附页，起防蠹作用[1]。

其二，药物避蠹。这是直接将植物性、矿物性或动物性药物放置于藏书处，以起到驱逐虫鼠作用的方法。药物防蠹最先使用的是药草防蠹，三国时鱼豢在

---

[1] 中国历史博物馆防蠹纸研究小组：《对明清时期防蠹纸的研究》《文物》1977年第1期。

第五章　古代私家藏书措理之术

《典略》中说:"芸香避纸鱼蠹,故藏书台亦称芸台。"[1]他所说的芸香即芸草。宋代沈括在《梦溪笔谈》卷三中对芸草有较详细的记载,他说:"古人藏书避蠹,用芸。芸,香草也。今人谓之七里香者是也。叶类豌豆,作小丛生。其叶极芬香,秋后叶间微白如粉汁,避蠹殊验。余判昭文阁时,曾得数株于潞公家,移植秘阁。"这段记录说明,宋代的公私藏书都用过芸草防蛀。明清时期,著名藏书楼天一阁也是喜欢用药草避蠹的。至于用其他药物防蛀,孙氏《藏书纪要》、叶氏《藏书十约》二书也有所阐述。孙从添认为"柜顶用皂角炒为末,研细,铺一层",可以防鼠。楼内"用炭屑、石灰、锅锈铺地"则可防白蚁。叶德辉又曰:"橱下多置雄黄、石灰,可辟虫蚁。"橱内多放香烈杀虫之药品,如芸香、肉桂、麝香,乃至"西洋药水、药粉",都能起到驱虫的作用。

其三,制糊防蠹。书籍传递或久藏必有破损,有破损则必修补,修补则需用糊,由于糨糊中含有许多淀粉故极易招惹虫蚁鼠害或霉变。因此,古代藏书

---

[1] 徐坚:《初学记》卷一二引,民国十七年(1928)铅印本。

家、书画收藏家以及装裱工,都很注意用糊防蠹的问题。治糊防蠹是指在面粉中加入一些天然药物,如椒汁、藜芦、藿香和楮树叶等,使之具有防蠹作用。最早关于防蠹糊的制作配方可见于元代,在王士点等人编写的《秘书监志·秘书库》中,记载了面糊物料:"黄蜡一钱,明胶一钱,白矾一钱,白芨一钱,藜芦一钱,皂角一钱,茅香一钱,藿香半钱,白面五钱。"可以看出,在制糊的物料中,已加入了各种驱虫药料。至于具体的制糊方法,明代周嘉胄的《装潢志·制糊》和高濂的《遵生八笺·燕闲清赏笺》都有详细记载,高氏所言更为简明:

> 白面一斤,浸三五日,候发臭作过,入白芨面五钱,黄蜡三钱,白芸香三钱,石灰末一钱,官粉一钱,明矾二钱。用花椒一二两,煎汤去椒,投蜡、矾、芸香、石灰、官粉熬化,入面作糊,粘褙不脱。又法,飞面一斤,入白芨末四两,楮树汁调,亦妙。

可以说,以上这些制糊、用糊的方法,明清两代都有所承袭和运用,如孙从添在介绍毛晋汲古阁制糊的方法时说:"糊用小粉、川椒、白矾、百部草细末,庶可免蛀。"[1]

其四,曝书去虫防霉。曝书的故实从文献记载上追溯,竟可直抵西周。《穆天子传》曰:"天子东游,次于雀梁,曝蠹书于羽陵。"到了南北朝时期,古人曝书已积累了一定的经验,北魏贾思勰曾有所总结:

> 五月十五日以后,七月二十日以前,必须三度舒而卷之。须要晴时,于大屋下风凉处,不见日处曝书。令书色暍,热卷,生虫弥速。阴雨润气,尤须避之。慎书如此,则数百年矣。[2]

唐宋之际,公家藏书每年在适当的天气时曝书,已成制度,故当时有"曝书会"之称。宋人钱穆父有《和人曝书会诗》曰:"天禄图书府,芸签岁曝频。幡

---

[1] 孙从添:《藏书纪要·装订》。
[2] 贾思勰:《齐民要术》第三十《杂说》,中华书局1985年版。

经穷藏室,赐会集儒绅。"[1] 私人藏书曝书应该也是不乏其人,宋人费衮《梁溪漫志》卷三记司马光读书堂藏文史万余卷,"每岁以上伏及重阳间,视天气晴明日,即设几案于当日所,侧群书其上,以曝其脑。是以年月虽深,终不损动。"这是司马光的曝书之法。总之,防霉防虫,及时曝书是非常重要的。曝书也很有讲究,应该特别注意的是曝书后必须凉透才能入藏,否则反而会损坏图书或容易生虫,这一点北魏贾思勰已有觉察。清人孙从添进一步阐述说:"曝书须在伏天照柜数挨次晒,一柜一日。晒书用板四块,二尺阔,一丈五六尺长,高凳搁起放日中,将书脑放在上面,两面翻晒,不用收起,连板抬风以凉透,方可上楼。"摊书、收书时,还要注意不能"汗手拿书,沾有痕迹。"[2] 由于南北气候的差异,所以晒书季节的选择又各不相同,对此叶德辉又有高见,他说:"古人七夕曝书,其法亦未尽善。南方七月正值炎薰,烈日曝书,一嫌过于枯燥,一恐暴雨时至,骤不及防,且朝曝夕收,其热非隔宿

---

[1] 厉鹗:《宋诗纪事》卷二四,《万有文库》本,上海商务印书馆1937年版。

[2] 孙从添:《藏书纪要·曝书》。

不退，若竟收放橱内，数日热力不消。不如八九月秋高气清，时正收敛。且有西风应节，藉可杀虫。南北地气不同，是不可不辨者也。"[1] 这种因时因地而变通的方法，又高孙氏一等。

三、余论

古代藏书家收藏的实践经验是很丰富的，许多经验虽未形成书面的总结，却体现在藏书楼平日的实际工作中，以明清宁波天一阁为例，颇能说明问题。天一阁建阁四百多年，从未遭受火灾，清初外界对天一阁的建筑猜测很多，以为此阁全用砖石构造。其实它是砖木结构建筑，为一座六开间的双层楼房，坐北朝南，前后均有窗户通风防潮。楼上为一大间，用书橱隔为六部分，楼下为六小间，如此上一下六，隐含"天一生水，地六成之"，"以水制火"之意。其实天一阁不受火焚，并非"天一生水"起了神效，主要还是防火制度的严密。阮元说："阁前略有池石，与阛阓相

---

[1] 叶德辉:《藏书十约·收藏》。

远,宽闲静闳。不使持烟火者入其中,其能久一也。"[1] 不持烟火入楼中,是天一阁一贯坚持的制度,就是在清末较为衰败的情况下,缪荃孙随宁波知府登阁阅书,也是"约不携星火"[2],可见书楼远离住宅区和严密的防火制度,是它不受火灾的根本原因。天一阁的防潮、防蛀也有妙法,楼上藏书通风条件好,书橱下又搁置英石吸潮,每年定期翻晒图书,以防书籍霉变。天一阁用芸草驱虫,保护书籍不受虫蛀。近年曾对所谓的"芸草"进行了科学考察,证明这种草药是广西出产的一种中药材,名叫"灵香草"。天一阁主人范钦在广西为官时,曾用这种能挥发较强芳香气味的草药防虫护书,并作为天一阁防蛀的主要方法流传了下来。此法在几百年后的20世纪60年代于天一阁重新启用,经过多次试验,发现"效果很好"[3]。

---

[1] 阮元:《宁波范氏天一阁书目序》,清嘉庆十三年刻本。
[2] 缪荃孙:《天一阁始末记》,见《艺风堂文漫存》卷三。
[3] 见《文汇报》1982年8月8日。

第六章　藏书楼：册府的构建与命名[1]

中国古代的私家藏书楼是一种内蕴极其复杂的文化现象，从文化形态学的角度来看，它既有汗牛充栋的藏书，岿然屹立的书楼等物态文化，又有在长期藏书活动中形成的风尚、习俗等行为文化及心态文化。本文拟从藏书楼的构建与命名角度作一考察，希冀可有裨于古代藏书史的全面研究。

私人藏书在有了相当的数量以后，就应该有便于庋藏和保管图书的处所，于是出现了藏书楼的营建。藏书楼的出现是私家藏书发展到一定阶段的产物。文献中对私人构建藏书楼的记载最早见于东晋，王嘉在《拾遗记》卷六中曰：

---

[1] 此文多年前与清华大学刘蔷教授合撰发表，经同意收入为一章，谨此致谢。

> 曹曾，鲁人也。家产巨亿，学徒有贫者皆给食。天下名书，上古以来文篆讹落者，皆刊正，垂万余卷……及世乱，家家焚庐，曾虑先文湮没，乃积石为仓以藏书。

这就是历代相传的东汉曹曾"石仓藏书"的故事。入晋以后，图书流传量渐渐增多，有关藏书楼的记载也多起来。如北魏平恒"别构精庐，并置经籍于其中"[1]，这已是一种比较正式的藏书建筑。据史载唐代藏书家构建藏书楼者有三，田弘正"于府舍起书楼，藏书万余卷"；张建章"聚书至万卷，所有书楼，但以披阅清净为事"。以上记载大致反映了这样的事实，即当时的藏书楼已独立于居室，具有"披阅清净"的功能。五代十国时，拥有藏书楼的藏书家人数更多，据《五代史》和《十国春秋》等书的记载，后周张昭、前蜀孙长儒、吴越高澧、暨齐物等人都建有藏书楼。

古代私人藏书是随着雕版印刷业的出现而兴盛

---

[1] 魏收：《魏书》卷八四《儒林传》，中华书局1974年版。

第六章 藏书楼：册府的构建与命名

的。宋代以后，私人藏书的数量剧增，于是专门的藏书楼不断出现，并且大多有了藏书楼的专名。据统计，两宋拥有书楼约40家，其中著名者如司马光的读书堂、欧阳修的六一堂，以及刘式的墨庄、田伟的博古堂、徐鹿卿的味书阁、周密的书种堂、志雅堂等。但是宋代藏书楼制度还未完全发展成熟，许多藏书丰富的藏书家，像宋绶父子、王洙父子、晁公武、陈振孙等，并未见有关构建藏书楼的记载。另外，有些构建了书楼的藏书家，却没有藏书楼名流传下来，如北宋初的江正、南宋初的叶梦得，尤其是叶氏，藏书十余万卷，于霅川弁山建书楼贮之，但楼名为何则不得而知。发展到明清两代，由于私家藏书文化的深入发展，藏书楼必称楼号的习俗蔚然成风，于是书楼林立，有不胜计数之感。

一、藏书楼的实构与虚拟

古代私人藏书楼为数众多，深入考察，其中却有"实构"与"虚拟"两种情况。所谓"虚拟"，即虽有藏书楼的专号，而实际上并未专构楼堂以庋藏书籍。有的藏书家是在自己的居所辟一专室藏书，有的是将书籍藏于书主读书治学的书斋，有的甚至是随居室放置。如果留意一下有关藏书家藏书活动的记载，不难看出虚拟书楼的蛛丝马迹。可以说，早在藏书楼仍未完全成熟的宋代，藏书楼便有了实构与虚拟之分。择其较有代表者而言，陆游的书巢可谓流芳古今的书楼，不仅楼名蕴意隽永，更有其《书巢记》脍炙人口，堪称美文。不过仔细品味文中所言："吾室之内，或栖于椟，或陈于前，或枕籍于床，俯仰四顾，无非书者。吾饮食起居，疾病呻吟，悲忧愤叹，未尝不与书俱。"可知放翁的藏书是随居室放置，并无专构的书楼。而且构建一座独立的藏书楼一直是放翁的愿望，直到临终之前他始终没有忘情。除放翁外，宋代仍有不少书楼虚拟的例子，如孔元忠"所至辟一室，环以图书，退食即覃思其间"[1]，这是在自己居所辟室藏书的情况。但是应该指出，在见于记载的宋代40家藏书楼阁中，实构的楼阁堂室还是占多数的。

明清两代的情况则有不同，此期绝大多数藏书家

---

[1] 刘宰：《孔公行述》《漫塘文集》卷三五，民国十五年吴兴刘氏嘉业堂刻本。

第六章 藏书楼：册府的构建与命名

都有藏书楼号，如以藏书楼号认定虚拟或实构，可以说其中实构的藏书楼不可能占据多数。这里可就清代的藏书楼略作分析，例如，清初藏书焚于大火的大藏书家钱谦益，他的藏书处就是与居室在一起的。据曹溶《绛云楼书目题辞》记载："宗伯（谦益）出所藏书，重加缮治，区分类聚，栖绛云楼上，大楔七十有三。顾之自喜，曰：我晚而贫，书则可云富矣。甫时余日，其幼女中夜与乳媪嬉楼上，剪烛炝，误落纸堆中，遂燃。宗伯楼下惊起，焰已弥天，不及救，仓皇走出，俄顷，楼与书俱尽。"[1] 由此可见，绛云楼藏书虽驰名天下，但实际上并非一专构的书楼。

又如清代中期著名的藏书家黄丕烈，藏书楼号可谓多矣，有百宋一廛、士礼居、读未见书斋、学山海居、陶陶室、红椒山馆、学耕堂等等。其时，这些楼号，只是根据自己各个时期藏书的情况，为自己斋室所起的名号。黄氏斋号，最初叫"读未见书斋"，是因他好求异本，追寻未读之书而得名。后得北宋本及南宋本两种《陶渊明诗》，又称楼号为"陶陶室"。再后，宋

---

[1] 曹溶：《绛云楼书目·题辞》《观古堂书目丛刻》本。

本书所得日多，逾百部以上，又号藏书楼为"百宋一廛"。黄丕烈的藏书处，在其家居的一楼西厢房，他的题跋中，常有"下楼西厢，检点群籍"之语。此处又与居室相连，所以"枯坐内书房，日听家人妇子料理岁事，虽非亲手治之，耳闻能毋心动乎？"[1]

以上所述说明，尽管是海内闻名的藏书家，其藏书楼尚有虚拟的情况，那么小藏书家或者一般的藏家，由于他们的藏量本就不多，再加上经济状况的限制，虽有堂而皇之的藏书楼号，但仍不能以为他们都有实构的专用的书楼。应该说在清代私家藏书中，"虚拟"书楼的情况还是较多的。虚拟书楼的出现，一是由于室名斋号发展到明清时代已经比较普遍，文人骚客、书家画家，无论大小，都有自己的斋号；那么藏书家有藏书楼号，这自然也是当时的一种风尚了。另一方面，也不能排除部分藏书家借藏书楼夸大自己藏书规模的心理。当然，藏书家中也有特例，比如清中期编撰《全上古三代秦汉三国六朝文》的学者严可均，四十年来，南游岭海，北出塞垣，遇稀有之本，必请

---

[1] 黄丕烈：《士礼居藏书题跋记》卷四《穆天子传》题跋，周少川点校，书目文献出版社1989年版。

第六章 藏书楼:册府的构建与命名

人精写,即使典衣不吝,藏书插架二万。但他却从不以藏书家自称,也没有堂皇的书楼,而是利用自己的藏书,默默钻研,在学术领域中作出了成就。

明清藏书楼的另一种情况为"实构",即辟地建楼,构筑名副其实的楼、堂、馆、阁。闻名者都是高屋大楹,独占一隅,其构造对防火、防潮、防虫、防盗等功能都有一定的讲究,藏书楼的管理也有相应的措施。这些楼阁是明清藏书楼最具代表意义的实体。目前保存下来的明清藏书楼仍有六座,还有几座著名藏书楼的遗址也已查明,它们是反应古代私家藏书文化的重要人文景观。其大致情况如下表所示。

明代浙江宁波藏书家范钦藏书楼:天一阁

藏书家构筑的藏书楼使用方式也不尽相同，有的是一楼一号，如范氏天一阁，杨氏海源阁等；有的是一楼多号，如袁廷梼的五砚楼，又称红蕙山房；有的是一楼之内各室又有专号，如丁丙筑嘉惠堂分八千卷楼与后八千卷楼两楼，后八千卷楼又辟有善本书室与小八千卷楼两处，各有所藏；刘承干的嘉业堂中还专辟有宋四史斋等等。以上所述约略可见古代藏书家设置藏书楼的大致风尚。

藏书楼	楼主	构建时代	现存地址
天一阁	范钦、范懋柱	明代，历经清代	浙江省宁波市
铁琴铜剑楼	瞿绍基	清道光年间	江苏省常熟市古里镇
海源阁	杨以增	清道光年间	山东省聊城县城
五桂楼	黄澄量	清嘉庆年间	浙江省余姚县梁弄村
西涧草堂	蒋光煦	清道光年间	浙江省海盐县澉浦村
玉海楼	孙衣言、孙诒让	清光绪年间	浙江省瑞安县城
汲古阁遗址	毛晋、毛扆	明代，历经清代	江苏省常熟市
传是楼遗址	徐乾学	清康熙年间	江苏省常熟市
爱日精庐遗址	张金吾	清嘉庆年间	江苏省常熟市
丽宋楼遗址	陆心源	清光绪年间	浙江省湖州市月河街
古越藏书楼遗址	徐树兰	清光绪年间	浙江省绍兴市城西

第六章　藏书楼：册府的构建与命名

二、藏书楼的命名

藏书楼名的命名取义，包含着丰富的文化内蕴，也反映出藏书家不同的志向、情趣、修养、操行以及收藏的状况，现将古代一些藏书楼号的命名分类列举，缕析如下，略窥中国古代藏书楼号取义之由来。

（一）借典故佳义

借用古书典故的含义为书楼命名，往往反映了藏书家的个人修养，有的也自然表达了他们的好尚和情愫。明代叶盛箓竹堂名来自《诗经·卫风·淇澳》："瞻彼淇澳，绿竹猗猗。"取其"学问自修"的含义。王世祯的小酉馆、胡应麟的二酉山房取义皆来自有关二酉山的典故，"二酉"指大酉和小酉二山，在湖南沅陵县西北，《太平御览》卷二九《荆州记》曰："小酉山上石穴中有书千卷，相传秦人于此而学，因留之。"故后世以"二酉"或"小酉"喻藏书。

清代钱曾的述古堂，典出《论语》"述而不作，信而好古，窃比我于老彭"。钱谦益作《述古堂记》认为老彭即彭祖,姓钱,是他们钱氏的祖宗,于是钱曾以"述古"号书楼,标榜他尊先祖之故行。张燮的小嫏嬛福地典出元代伊世珍所做的《嫏嬛记》。"嫏嬛福地"是传说中神仙藏书的地方,张氏取其义自喻。鲍廷博的知不足斋取自《礼记·学记》"学而后知不足"一句。张金吾的爱日精庐取自《大戴礼记·曾子立事》"君子爱日以学,及时行义","爱日"即爱惜光阴,张氏取其命书楼号,当有惜时好学之意。钱大昕的潜研堂之名出自《后汉书·班固传》"父彪卒,归乡里,固以彪续前世未详,乃潜精研思,欲就其业"。钱大昕擅长治史,取"潜研"二字有比学班固的意思。甘福的津逮楼之名出自《水经注·河水二》"河北有层山,悬岩之中多石室焉。室内若有积卷矣,而世士罕有津逮者"。"津逮"意为渡河抵达而求书,后世以此比喻治学门径。

其他如钱泰吉的冷斋、可读书斋之名,是由仇山村的诗句"官冷身闲可读书"拆句而成。钱氏曾官至刑部给事中,因不徇私情受到排挤,书斋名的取义表明他绝意官场的心情。章钰的四当斋,取自宋朝尤袤爱书"饥读之以当肉,寒读之以当裘,孤寂而读之以当友朋,幽忧而读之以当金石琴瑟也"的典故。叶昌炽的缘督庐，典出《庄子·养生主》"为善无近名，为恶无近刑，缘督以为经"，取其不为善恶，顺应自己的含义作为自己处世的哲学。

（二）表藏书志向

藏书家借书楼的名号表达自己的藏书目的，由此可反映他们的藏书观。明代祁承㸁的澹生堂取义于《文子·上仁》中"老子曰：非淡泊无以明志，非宁静无以致远"。表达了淡泊明志的藏书志向。清代徐乾学有传是楼，徐氏认为以书传子孙，胜于传土地货财。黄丕烈有读未见书斋，他藏书以"佞宋"自居，好追求古本、异本，自言"余性喜读未见书，故以名其斋"。他的另一个藏书楼号曰求古居也表明了这种志向。韩应陛的读有用书斋，据张文虎《读有用书斋杂著序》说："读书有得，援古证今，笔之于纸，不为浮薄华藻之语，观其所以名斋者可知也。"朱昌燕的朝经暮史昼子夜集楼，名号甚长，楼主以此自励，借楼名对自己勤奋治学加以鞭策。

周永年有借书园，内有藏书十万卷，周氏提倡公共儒藏学说，并身体力行地把自己的藏书公之于众，让附近的学子到自己的藏书楼中借书阅读，增长知识。国英的共读楼也是一座嘉惠学人的藏书楼，颜曰共读，所谓不以自秘也。借书园与共读楼的设立，反映了古代部分藏书家较为进步的藏书观念。

此外还有一些藏书家以尊经崇儒自封，在藏书楼的命名上也表达了这种态度，如卢文弨的抱经堂、徐元文的含经堂、陈徵之的带经堂、张绍仁的执经堂、李心怡的味经堂、陈敬简的枕经楼、吴骞的拜经楼等等，不胜枚举。毫无疑义，这些楼号的取义，打上了以往儒家正统思想的鲜明烙印。

（三）夸收藏之富

用藏书楼号表明自己的收藏状况，这也是藏书楼号命名的一种方式。古代有些藏书家喜好夸示自己藏书之富与藏书之精，就如曹操用兵，号称百万一样。比如以万卷楼命名者甚多，由宋至清不下30家，宋代有方略、陈弅、石待旦、张用道等，元代有陈杰，明代有项笃寿、丰坊、杨仪等；清代如翁方纲的三万卷楼、陆心源的十万卷楼、莫伯骥的五十万卷楼等等。当然，有些书楼的命名也不一定是有意炫耀自己的藏

第六章 藏书楼：册府的构建与命名

书数量，只是为了取整数表示而已。这种数量上的不确切性是古代行文的惯例。

夸藏书之富又涉及藏书质量的，如清人黄丕烈的"百宋一廛"，因收购宋本图书百余种而得名。和黄丕烈同时的藏书家吴骞，见黄氏以百宋著称东南，遂命名自家书楼为"千元十驾"与之相对。千元指拥有元刻千部，"十驾"出自《荀子·劝学》"骐骥一跃，不能十步；驽马十驾，功在不舍。"他取"千元十驾"之意，不仅有以千部元刻比对百部宋本之意思，而且有锲而不舍，努力赶超之意，对此黄丕烈并不生气，而且还对吴骞十分推崇并作诗相赠，二老风流为世人称绝。黄丕烈以百宋称著，清末的陆心源更以自己收藏宋本200种，号书楼为皕宋楼，"皕"为双百之意。

（四）念先世遗泽

有些藏书楼的命名，是藏书家从纪念先人的角度取义的。清代郑性的二老阁是为纪念祖父和与郑家深交的黄宗羲而称"二老"。袁廷梼的五砚楼因得先世所藏五砚而得名。黄澄量的五桂楼，为慕先祖兄弟五人，在宋时号五桂者。丁丙的八千卷楼因承先世藏书

清代山东聊城藏书家杨以增藏书楼：海源阁

有八千卷遂得名。全祖望的双韭山房亦是沿用祖先原有藏书楼双韭山房之名。杨以增为纪念祖先，在藏书楼一层设家祠，他在藏书楼海源阁楼匾上书跋文曰："先大夫欲主家庙未果，今于寝东先建此阁，以承祀事。取《学记》'先河后海'语颜曰'海源'，益寓追远之思。"

此外，还有的藏书家是以皇帝赐诗赐联命名书楼，其目的则在于追念皇恩，仰慕圣德。如陈梦雷的松鹤山房是用康熙皇帝的赐联"松高枝叶茂，鹤老羽毛新"，约取"松鹤"两字命名的；周厚堉的来雨楼是由于他向四库馆献书有功，乾隆皇帝赐御笔诗，于是取诗中"来雨"两字以名其楼。刘承干曾以巨资接济蛰居故里的小朝廷，溥仪赐御书匾额"钦若嘉业"，刘氏因以名藏书楼为嘉业堂。

（五）取字号地居

有些藏书家干脆就以自己的字号或者居处的特点来为自己藏书楼取名。北宋欧阳修号六一居士，自称家中有藏书一万卷，金石遗文一千卷，琴一张，棋一局，酒一壶，一老翁，并以此名藏书楼为六一堂。南宋藏书家许棐隐居于浙江海盐秦溪，他在屋前屋后遍种梅花，故号书楼为梅屋。元末明初，宋濂避战乱于浦江青萝山中，于山中藏书读书，即名书楼为青萝山房。清初藏书家惠周惕因自号红豆主人，书楼也称红豆书屋。清末的盛宣怀、徐润皆号愚斋，书楼也都称愚斋。

王士祯家宅西有圃，圃中有池，在池北建藏书屋，故称池北书屋。孙星衍有平津馆，因他任山东督粮道时，治所在汉丞相平津侯公孙弘的故地而得名。阮元有文选楼，因其家居扬州旧城文楼巷为隋曹宪故里，李贤由之传《文选》，阮元遂构文选楼于家庙旁以藏书。

吴铨有潢川书屋。徐树兰家居绍兴,地属古越,故书楼号古越藏书楼。

(六)标珍本宝物

以自己收藏的善本书或珍贵文物作藏书楼号,这种情况也较多,反映出藏书家对名贵文物的珍惜,同时也能表现其收藏的水平。清代周春因得北宋刻《陶渊明诗》而名书楼为宝陶斋。黄丕烈有士礼居,是因购得宋本《仪礼》两种,《仪礼》又称《士礼》,故名书楼为士礼居。翁方纲因得宋本《施注苏东坡诗》,又得苏东坡手迹《嵩阳帖》,而以宝苏斋名其书楼。铁琴铜

清代江苏常熟藏书家瞿绍基藏书楼:铁琴铜剑楼

第六章 藏书楼：册府的构建与命名

剑楼主人瞿绍基不仅喜藏书，且好金石文物，因收得古铁琴、古铜剑各一，因以冠书楼之称。陈揆的稽瑞楼由得秘本书《稽瑞》而命名。冯文昌的快雪堂以得王羲之的真迹《快雪时晴帖》而命名。蒋汝藻曾用高价购得宋刻孤本周密撰《草窗韵语》，因此取"密""韵"二字名其楼为密韵楼。

以上所举，是古代藏书楼号取义的各种方式。藏书楼号最后一个字的使用，一般是建筑物的名词，统观藏书家的用字，以称楼为最多，其次是堂、斋、室、阁，再次之是用馆、轩、舍、屋、房、庄、园、庐、庵、亭、居、仓、院、处、厂、库，个别的还有用廛、廛、圃、巢、居、家（金石录十卷人家）、墅（梅花墅）、庑（枞庑）、窝（小安乐窝）、颙（奇觚颙）、龛（云自在龛）、簃（嘉荫簃）、城（书城）等。还有别出心裁者，不以建筑物命名，而采用其他名称，如海、波、天、地等。有的以舟舫取名，如杜若舟、倦舫，有的干脆以庋藏相称，如兀洲庋、无尽藏等等，不一而足。

古代藏书家对藏书楼的称谓，反映了丰富的文化意蕴，同时也体现出藏书家的才学和睿智，藏书楼号，尽管只有那么寥寥几字，却是字字颇费匠心，去取有来由的。诚然，藏书楼号中也不乏落入俗套，或故作艰深、令人晦涩费解者，但是许多楼号的命取还是精妙雅致的，因此，我们今天在赏析这些古楼号时，是否还会常常为其文字的巧构拍案叫绝，或对其深邃的涵义品味无穷，并由衷感受到汉字的巨大魅力呢？然而问题不仅于此，我们不能简单地将藏书楼号的命取视为一种文字游戏，而是要从中透视藏书家们的心曲，索求书史的轶文旧事，追寻传统文化的踪迹，并从中得到某些有益的启迪，这才是探究问题的根本意义。

第七章 藏书章:一方自我的天地

古代私人藏书印文的内容是非常广泛的,许多藏书印文的内容已超过标记所有权的作用。藏书家们利用藏书印的方寸之地,挥洒笔墨,直抒胸臆,犹如绘制出一幅幅色彩斑斓、千姿百态的藏书图。这些藏书印文,反映了藏书家个人的情况和意绪,表现了淋漓尽致的"自我";同时也让人隐隐感触到潜动的历史脉搏。

一、以印主名号入印

这是数量较多,也是较常见的藏书印记,它只刻藏书人的姓名、字号、书斋号或藏书楼号等,仍然体现了标记所有的基本功能,唐宋时期的藏书印多为名号章。名号章又有多种,清人如"钱曾之印""遵王";"季振宜印""沧苇";"缪"(缪荃孙)等,皆以姓、名、字入印。

明代唐寅的"六如居士",清代阮元的"研经老人",黄丕烈的"佞宋主人",是以别号入印。

明人文徵明的"停云馆""辛夷馆""悟言室""玉兰堂""翠竹斋""梅花屋""梅溪精舍"、毛晋的"汲古阁""目耕楼";清人黄丕烈的"士礼居""陶陶室""读未见书斋""百宋一廛",是以斋号、藏书楼号入印。

而像清代"海宁查慎行字夏仲又曰悔余""杨以增字益之又字至堂晚号冬樵行一"二印,以名号为主,又加籍贯,甚至排行也是有的。

总的看来,这类印的文字较少,除了有些名号印在印文中加籍贯、官职以外,还常连缀"珍藏""秘籍""收藏印"等字样。

二、以印主里爵入印

这类印章的范围比较广,大致是印主在印文中铭记籍贯里居、门第氏族、官职仕履等内容。清人卢文

第七章 藏书章：一方自我的天地

弨的"范阳卢氏"，戴大章的"绿柳桥西戴大章"，阮元的"家住扬州文选楼隋曹宪故里"，包括吴县顾玉的"骑龙巷顾氏"、顾应昌的"混堂巷顾氏"，均属里居之章。

顾广圻的先祖顾野王，仕南朝陈为黄门侍郎，因此他有"陈黄门侍郎三十五代孙"之章。阮元之妻经楼夫人有"孔子七十三代长孙女"之章。这些应属门第氏族章。有的门第氏族章更以排行入印，如杨绍和的"东郡杨二"就是一例。

宋明两代有以官署印或关防作为个人藏书印的，如宋代富弼的藏书有"镇海军节度使"官印。明代王世贞的藏书上钤"太仆寺印"，叶盛的藏书钤有"镇抚燕云关防""巡抚宣府关防"。清人藏书印中以官职仕履入印的颇多，这大概是一种荣耀吧。有的人这类印章多达数颗。如翁方纲有"秘阁校理""恩加三品重燕琼林""内阁学士内阁侍读学士翰林侍读学士"等三章。如宋筠有"己丑进士""太史图书""三晋提刑"等三章，末一章用的是古职官名，因他曾任山西按察使司按察使。朱彝尊也有两枚，分别是"南书房旧讲官""七品官耳"，他的印文多少流露些官场冷落的情绪。

三、以鉴赏标志入印

鉴赏章包括鉴别校定与阅读观赏两种。有些图章内容对书籍的版本状况作了明确的鉴定,为后人评判图书版本提供了确切的依据,价值较高。著名藏书家毛晋、季振宜、席鉴、杨守敬等人,分别有"宋本""元本""赵宋本"或"甲""乙""神品""希世之珍""天下无双""人间孤本"等小印,钤印在他们珍藏的善本书上,作为版本价值高低的标志。

有的鉴定章的印文比较含蓄,但如对照印主的题跋,仍能找到版本鉴别的依据。这样的鉴定章较多。如"毛晋秘箧审定真迹",张蓉镜的"芙川鉴定",翁方纲的"苏斋真鉴"。又如"杨绍和鉴定""张之洞审定旧椠精钞书籍印"、缪荃孙的"艺风审定",等等。

校勘印记也能说明书籍版本的价值,特别是经过校勘名家之手,该书便可成为精校本,其身价便不等同一般了。惠栋的"惠定宇手定本",张海鹏的"张海鹏校正图书记",杨以增的"益之手校"等章,皆属校勘印。

第七章 藏书章：一方自我的天地

清人的阅读观赏印也不少，如查岐昌有"巢经阁读古记"一印，吴翌凤有"枚庵流览所及"一印，是一种读书印记。观赏印文样式则比较多样，有的称"观"，如曰"方若蘅曾观"。有的称"赏"，汪士钟的"朗园真赏"，张蓉镜的"芙川张蓉镜心赏"等。有的称"经眼""过眼"或"过目"，如"白堤钱听默经眼""仲鱼过目"（陈鳣）。有的称"眼福"，如"良士眼福"（瞿良士）。还有的认为是缘分，如"结缘""墨缘"等，翁方纲就有"苏斋墨缘"一印。阅读观赏印虽然是藏书家一般赏阅的印记，没有明确标识鉴定的情况，但是从一些印文的内容中可以看出藏书家对某些书籍版本价值的重视程度，如称"真赏""眼福""墨缘"等。清代藏书家还很重视一些名家的经眼本，认为经过名家赏识的书籍一般来历不凡，如苏州书贾钱听默是鉴别版本的老手，凡他经眼钤章的书籍，身价百倍，为藏书家们争相购藏，由此可见一斑。

四、以箴言警句入印

这类印章以成语、警句、典故、诗文入印，常常用来抒发印主对治学、处世的态度以及对书籍的眷恋。其中喜怒哀乐、训诫斥骂,倾诉了种种情感,是藏书家心理深层的表达。

明清以来,箴言章渐多。例如明代项元汴的"神游心赏",毛晋的"开卷一乐"。清徐乾学的"黄金满籯不如一经",席鉴的"学然后知不足",鲍廷博的"布衣暖菜根香诗书滋味长",劳格的"实事求是多闻阙疑"等印章,表达了这些学者潜心学问的态度。黄宗羲有一枚印章,文曰:"忠靖(按:黄宗羲之父)是始,梨洲是续,难不忘携,贫不忘买,老不忘读,子子孙孙,鉴此心曲。"读来更觉语重心长,令人想起这位伟大学者发愤苦学的一生。

更有些藏书家借诗文、典故以述志。季振宜的印曰"吾道在沧洲",古人用"沧洲"来喻称隐居,语出《北史》明帝赠韦夐诗:"沧洲去不归。"[1] 毛晋的印曰"汲古得修绠",语出韩愈诗《秋怀》:"归愚识夷涂,汲古得修绠。"这些诗句表达的都是厌倦官场,隐退治学的意绪。季振宜中过进士,官至御史,奔走官场之余,

---

[1] 李延寿:《北史》卷六四《韦夐传》,中华书局2011年版,第2269页。

第七章 藏书章：一方自我的天地

向往隐居乡里的自在生活；毛晋虽未做官，但曾多次求仕落第而绝意仕途，因此，以上诗句能引起他们感情上的共鸣或心理上的慰藉。

封建社会中的知识分子，由于遭受畸形社会的无情挤压，心情是苦闷的。他们有的愤慨，有的转向虚无主义而看破红尘，有的则感情颓废或滑入玩物丧志的泥淖。有一部善本古籍就钤有藏书家"忘忧触忿之庐"的印章，这个印虽属名号章，但印文却表达了印主忧忿的情感。如果说，这章印文似乎让人隐约听到古代文人愤怒的低吼；那么"人生行乐尔"之类的印章，则使人明显感到是一种颓丧情绪的宣泄。

乾隆时藏书家陆时化有一校印，称"蕉鹿梦"，典出《列子·周穆王》[1]。说的是有位樵夫在野外打死了一只鹿，怕人发现，便用芭蕉叶把鹿藏了起来，后来又忘了藏的地方，便以为自己不过是作了一场梦。"黄粱梦"是将无当作有，"蕉鹿梦"是将有当作无，总之，人生如梦，这就是藏书印主把人生看作虚无梦幻的消极态度。

---

[1] 杨伯峻：《列子集释》，中华书局 2016 年版，第 111—113 页。

此外，还有数量较多的抒发藏书者闲情逸致的印章，例如宋兰挥的"风月无边庭竹交翠"、马思赞的"空山无人水流花开"，等等，透露种种消闲清逸的意境，恐怕这类印章才能称得上名副其实的"闲章"。

清代皇帝也拥有许多私人的藏书印章，乾隆皇帝的藏书印最多，如"乾隆御览之宝""五福五代堂古稀天子宝"，从《天禄琳琅书目》上看，约有30多枚。他们的箴言章也不少，如乾隆有"几暇怡情""犹日孜孜""含味经籍""庄敬日强"等。雍正有一枚"为君难"的印章，也颇为突出。

箴言章中数量最多，也最有代表性的，是用来谆谆告诫后人珍惜书籍，继承先人遗志，保存藏书的印文。这些印章的字数多少悬殊，少的一般是"永保""子孙保之""子孙永宝"等字样；字数多的可达数十，乃至一二百字。前边说过杨继振190字的印章，就是属于这类。明代藏书家祁承煠在藏书章中表达了自己辛苦收书，希望子孙守护的心情，他说："澹生堂中储经籍，主人手校无朝夕。读之欣然忘饮食，典衣市书恒不给。后人但念阿翁癖，子孙益之守弗失。"清代藏书家陈鳣有"得此书，费辛苦。后之人，其鉴我"之印。

第七章 藏书章：一方自我的天地

藏书家王昶也有枚这样的箴言章，文曰："二万卷，书可贵，一千通，金石备，购且藏，极劳勤，愿后人，勤讲肄，敷文章，明义理，习典故，兼游艺，时整齐，勿废置，如不材，敢弃置，是非人，犬豕类，屏出族，加鞭箠。述庵传诫。"共64字，不仅告诫，还有斥骂，并规定了严厉的惩罚。可以看出藏书印主对书籍的感情多么深厚，对子孙的期望又是多么殷切，几乎到了视书如命的地步。像杨继振在他的长篇印文中甚至还规定了"勿以借人"的训诫，这在藏书观念上似乎就不够通达了。

藏书传世，一传永传，这是大多数藏书家的期望，但又是不够实际的。有的藏书家预见到这一点，在藏书印文中就留有余地，如明代藏书家赵元方有"曾在赵元方家"一印，表明他曾经收藏，而不敢奢望子孙永传。清人孙从添的印文是"得者宝之"，卢文弨的印文是"精校善本，得者珍之"。有的藏书家还以《颜氏家训》的内容入印曰："颜氏家训，借人典籍，皆须爱护，先有缺损，就为补治，此亦士大夫百行之一也。"[1]

---

[1] 颜之推著、檀作文注：《颜氏家训》，中华书局2007年版，第42页。

这样的藏书印只是提醒借阅者要爱护书籍,比起"勿以借人"的戒条,是要进步得多的。又如浙东汤氏有一枚箴言印,上边说:"见即买,有必借,窘尽卖,高阁勤晒,国粹公器勿污坏。"认为该买就买,该借就借,该卖就卖,丝毫没有板着面孔教训、斥骂的味道,他的想法既实际又开明,让人觉得很亲切。

既想让藏书"子孙永保",又担心不能实现,这种矛盾心理使一些藏书家乞灵于神明的保佑,这样的情况也在藏书章中表达出来。如张蓉镜"在处有神物护持",毛晋"在在处处有神物护持"等藏书印所表露的心态,看似荒诞,却是不少藏书家所共有的。

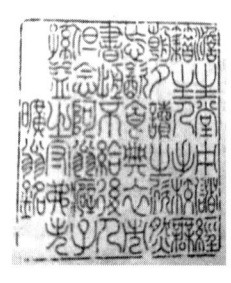

1

2

第七章 藏书章：一方自我的天地

3　　　　　　4

古代藏书家藏书章（上）

1. 明代祁承㸁藏书章：澹生堂中储经籍，主人手校无朝夕。读之欣然忘饮食，典衣市书恒不给。后人但念阿翁癖，子孙益之守弗失。2. 清代徐乾学藏书章：黄金满籝，不如一经。3. 清代杨以增藏书章：禄易书，千万值。小胥钞，良友诒。阁主人，清白吏。读曾经，学何事。愧蠹鱼，未食字。遗子孙，承此志。4. 清代陈鳣：得此书，费辛苦。后之人，其鉴我。

五、以杂记内容入印

此外还有一些记时、记事的印章，内容杂驳，可归为一大类型。记事所记事件，大多与书籍有关，鲍廷博因献书四库馆达700余种，被钦赐《古今图书集成》一部，辟专室三间贮藏，于是有"老屋三间赐书

157

万卷"之印。

吴骞得宋刻《临安志》,其中含咸淳印本91卷,乾道印本3卷,淳祐印本6卷,合100卷,于是有"临安志百卷人家"一章。

韩德钧夫妇在同治三年、五年时为避太平军与清军战事,两次携书出走,因此有印曰:"甲子丙寅韩德钧钱润文夫妇两度携书避难。"

又如马思赞"行斋师友遗传之物"一印,陆心源"光绪戊子湖州陆心源捐送国子监之书匦藏南学""前分巡广东高廉道归安陆心源捐送国子监书籍"二印,都属于记书事之印。也有所记事情与书籍无关,如阮元,就有"臣元奉敕审释内府金石文字"的记事印。

记时印大都与藏主的生年、年龄有关,明人文徵明有"惟庚寅吾以降",记载他于成化六年(1470年)出生,此年干支庚寅;毛晋的印"戊戌毛晋",是说制印的那年干支戊戌,为顺治十五年(1658年),他年当六十;清人周星诒有"癸巳人"一印,也是记生年。钱陆灿的印"壬子癸丑"既有生年又有年龄。而朱彝尊的印"我生之年岁在屠维大荒落月在橘壮十四日癸酉时",则记了他出生的年月日时。

第七章 藏书章：一方自我的天地

清藏书家还有一种肖像印，既有肖像，又杂记一些内容，比较奇特，只能归入杂记印一类。这种印较大，有豆腐块大小，一边是印主小像，一边缀以文字，朱彝尊的肖像印，是头顶竹笠，朱文小像，白文印文曰："购此书，颇不易，愿子孙，勿轻弃。"陈鳣的肖像印在小像下题"仲鱼图像"。

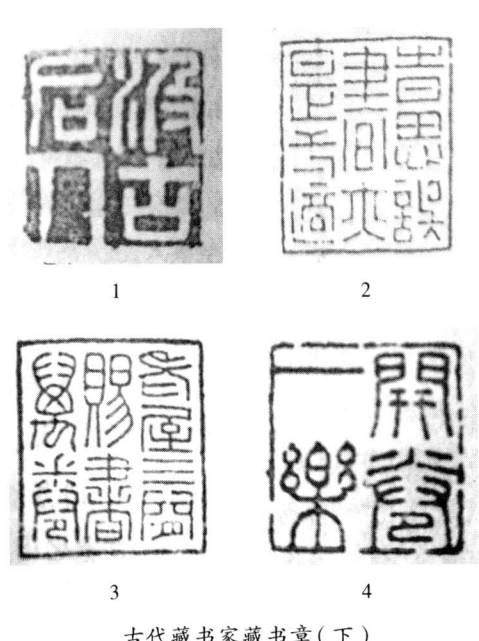

古代藏书家藏书章（下）

1.清代毛扆（毛晋之子）藏书章：汲古后人。2.清代顾广圻藏书章：时思误书，亦是一适。3.清代鲍廷博藏书章：老屋三间，赐书万卷。4.明代毛晋藏书章：开卷一乐。

古代私人藏书印在方寸天地间体现印主丰富的思想，记录历史的痕迹；如能看到所钤印章，则又能欣赏其高超的篆刻艺术，还能利用它作为古籍版本鉴别的辅助。因此，小小印章，却是独具中华民族特色的精彩文化遗产。

第八章　宋代私家藏书的发展

宋初，承五代战乱之弊，书多焚毁散亡，建隆初年，国家藏书仅一万两千余卷。于是，平荆南、平蜀、平南唐、平吴越，皆收其图籍，因而群书稍备；但是有宋一代，仍然屡次下诏向民间求书，并以绢匹、钱帛或官职对献书者给以奖励。由此足见，当时书籍多散于民间。再者，两宋的雕版印刷，在唐代开创的基础上有了提高。除官刻本外，私人刻印的"家塾本""坊刻本"也日渐盛行。雕版印刷既已流行，在技术上又能精益求精，不论校勘、刻板、用纸、选墨都有讲究。书的形制也由卷轴逐渐过渡为册页，购置和收藏都比较方便。藏书家不仅得书较易，而且多了份喜爱的感情，于是私家藏书之风，至宋而大盛。本文拟从宋代私家藏书的聚散和特点，略作考察，以就教于方家。

一、宋代私家藏书的聚散

宋代私家藏书的聚散,是两宋藏书家们充满艰辛和欢乐的文化苦旅。倾其所有、不辞辛苦,藏书积累起来了,但是数十年后,或者不过三代,迭架充栋的图书又都化为乌有。一切看似那么无奈,历史留下了藏书家们多少遗憾;然而,藏书家的文化精神却是永恒的,他们在有喜有忧的藏书活动中升华了自己,而且,毕竟有许许多多的图书种子经过他们的保护、传播、繁衍生长,滋育了后代学人,延续了文化传统。历史是公平的,我们从宋代私家藏书的聚散过程中,可以看到藏书家们的劳绩;文化的传承也不是一帆风顺的,我们也要从中得到历史的启迪和教训。

宋人藏书,来源三途:一曰购书。宋代雕版印刷已经盛行,得书较易,故宋代购书之风也兴。如方略,莆田人,宦达后,所至专访书籍,民间有奇书必捐金帛求之,家藏书至一千二百笥[1]。同邑方阜鸣,自江右

---

[1] 李俊甫:《莆阳比事》,载阮元辑《宛委别藏》,江苏古籍出版社1988年版,第252页。

归，见家中藏书数厨，留钱十万市坊书[1]。庞安时，蕲州人，性喜书，闻人有异书，购之若饥渴[2]。此外，又如孙降衷，尝购监本书万卷以还；其孙入京都，市书捆载而归，即所居复建重楼藏之。赵安仁，嗜读书，所得禄俸，多以购书，虽至显庞，简俭若平素。沈立知杭州，所得圭租，多以市书。蔡致君不乐仕宦，独喜收古今之书，空四壁捐千金以购之。郭永博通古今，得钱即买书，家藏书万卷，许棐凡肆有新刊，知无不市。

《清明上河图》中的宋代书坊

财有余力，自可购书收藏，然而更有许多藏书家

---

[1] 刘克庄：《后村先生大全集》卷一四八，载张元济《四部丛刊》初编第1324册，商务印书馆，民国十一年（1922）版。
[2] 张耒：《张右史文集》卷五九，载张元济《四部丛刊》初编第1009册，商务印书馆，民国十八年（1929）版。

因性情所向，乃节衣缩食或典当购书。如文天祥之父文仪，人称革斋先生，"嗜书如饴，蓄书如山，有未见书，辄质衣以市"[1]。孔延之，临江军人，官郎中，家食不足，而俸钱常以聚书，至老，读书未尝一日废[2]。又如赵明诚、李清照夫妇，在经济窘迫时，也常常是每月朔望，"质衣，取半千钱，步入相国寺，市碑文果实"[3]。藏书家如饥似渴、倾心购书的事迹，反映他们对藏书事业的热忱和执着，当时藏书家郑刚中的一首《自笑》诗，道出了他们的心声：

> 他人将钱买田园，尚患生财不神速。
> 我今贷钱买僻书，方且贪多怀不足。
> 较量缓急堪倒置，安得瓶中有储粟。
> 自笑自笑笑我愚，笑罢顽然取书读。[4]

---

[1] 文天祥：《文山先生全集》卷一一，载张元济《四部丛刊》初编第1342册，商务印书馆，民国十八年（1929）版。

[2] 曾巩：《曾巩集》，中华书局1984年版，第576页。

[3] 徐北文：《李清照全集评注》，济南出版社1990年版，第213页。

[4] 郑刚中：《北山文集》，载《丛书集成初编》第63册，新文丰出版公司1962年版，第142页。

第八章 宋代私家藏书的发展

藏书来源二曰抄书。宋代虽然雕版印刷初步繁荣，但是藏书家收集图书还是离不开抄写这个手段。藏书家中如高颀、王锴、李行简、苏耆、李仲偃、司马光、刘恕、周启明、吕大防、沈思、王钦臣、李常、郭逢原、赵明诚、陆游、罗良弼、陈长方、刘仪凤、叶梦得、李诚、李焘、尤袤、陈振孙、黄仲元、王正功等皆以抄书著称。李行简，字易从，历任龙图阁待制、刑部郎中等职，"聚书万卷，多其自录，人谓之书楼"[1]。苏耆，苏舜钦之父，官至工部郎中，"雅好观书，经史禅说，手抄者数千卷，无不尽诵"[2]。司马光，以《资治通鉴》著称于世，在他68岁高龄时，还抄书不辍，"所抄自《国语》而下六书，其目三百一十有二，小楷端重，无一笔不谨"[3]。刘恕，字道原，司马光的得力助手，为了搜集大量的资料，他经常到数百里外访书抄书，有一次他到亳州宋敏求家抄书，"昼夜日诵手抄"，一连十几天，把眼睛都熬坏了[4]。南宋史学家李焘为了编撰

---

[1] 曾巩:《隆平集》卷一四，明万历二十六年（1598）版。
[2] 苏舜钦:《苏舜钦集》，上海古籍出版社1981年版，第176页。
[3] 陈振孙:《直斋书录解题》，上海古籍出版社1987年版，第309页。
[4] 脱脱:《宋史》第37册，中华书局1977年版，第13119页。

《续资治通鉴长编》，也是"性无嗜好，惟潜心经史"，"所至求奥篇隐帙，传录雠校，虽阴阳卜医亦无遗者，家藏积数万卷"。[1] 南宋建筑学家、《营造法式》的作者李诫，博学多艺能，工书法，勤抄书，家藏书数万卷，"手抄者数千卷"[2]。此外，如宋初高頔，《宋史·文苑传》说他抄书数千卷，字细如豆，无漏无误，老而益精。毕士安，好藏书，虽年老目瞀，却读书不辍，或亲自缮写[3]。又如苏颂传写秘阁书籍，每日二千言，皆亲校手题。叶梦得藏书数万卷，多手自抄者，他说："余家旧藏书三万余卷，丧乱以来，所亡几半……今岁出曝之，阅两旬才毕，其间往往多余手自抄，览之如隔世事。"[4]《嘉定镇江志》记叶梦得任丹徒令时，常上苏颂家抄书，所获甚丰，叶梦得还常常向人说起在宰相府中抄书的"亲炙之举"。南宋藏书家和目录学家尤袤、陈振孙的藏书也大都靠抄写得来，就连尤袤的子弟诸

---

[1] 《全宋文》第232册，上海辞书出版社、安徽教育出版社，2006年版，第404页。

[2] 程俱：《北山小集》卷三三，载张元济《四部丛刊》续编第398册，商务印书馆，民国二十三年（1934）版。

[3] 脱脱：《宋史》第27册，中华书局1977年版，第9521页。

[4] 叶梦得：《避暑录话》，商务印书馆，民国二十八年（1939）版，第2页。

女,也帮着一起抄书。

宋代版刻流行,而宋人手抄之勤,仍有如是者,其中原因颇多。第一,抄书是古代藏书家收集图书一个最常用的办法,长期以来,人们习惯于抄写,手工抄写简单易行,只要具备文房四宝就可以独立操作,不像雕版印刷要由写工、刻工、印工、装订等多项工序组成。因此,就是在雕版印刷流行以后,专业书工仍把抄书当作谋生的重要手段,如《茅亭客话》记一老书工,名杜鼎升,鬻书自给,八十余岁,仍抄书不辍,"筋体强壮,耳目聪鉴,每写文字,无点窜之误。至卒,方始搁笔"。藏书家们,在其他条件不具备的时候,也往往以抄书传录作为收书的手段。

第二,宋人重视书法,据统计,宋代书法家有八百多人,因而许多藏书家常把抄书当作练习书法的重要手段,如前边提到的高顿,抄书"字细如豆";司马光抄书"小楷端重,无一笔不慎";李诚工书法,抄书数千卷。因此,许多古籍抄本不仅具有文献价值,而且是不可多得的书法珍品。

第三,古人常把抄书当作学习的重要方法,宋人也是如此,手抄一遍印象深,记得牢,事半功倍。北宋藏书家周启明，字昭回，"藏书数千卷，多手自传写，而能口诵之"[1]。为什么数千卷书大多能够背诵，这就是抄书记忆的功劳。

第四，有时候，抄书是藏书家校勘和传录副本的途径。为了保证藏书的质量，校勘是藏书整理图书必不可少的环节，有的藏书家利用抄书的过程进行校对，则可得双倍之功。如《北山集》卷三三记元丰间藏书家郭逢原，"藏书数万卷，得一书不计字多寡，必亲录而手校之，心记其统类"，便是边抄书边校书的实例。有的藏书家为了避免藏书缺失，收一书常常备有副本，有时副本还不止一部，而储备副本的手段通常是靠抄录。陆游的《老学庵笔记》卷二七记载当时的藏书家刘凤仪，字韶美，"在都下累年，不以家行，得俸专以传书。书必三本，虽然百卷为一部者亦然。出局则闭门校雠，不与客接。即归属，亦分作三船，以备失坏"。此为抄书备副之例。其实，这种例子很多，比如王钦臣，每得一书必抄三本，一本以废纸传之，校勘至无差误，再誊写出第二本；第二本专为弟子翻阅或他人

---

[1] 脱脱:《宋史》第38册，中华书局1977年版，第13442页。

借观；又别写第三本，为镇库本，非已不能用。[1]

第五，在某些情况下，藏书家抄书也是出于无奈。一是家贫无力购书，只好转借传抄，这种情形在藏书家事迹中并非少见。如南宋陈长方，字齐之，闽县人。少孤，奉母客于吴，"家贫不能置书，假借手抄几数千卷"[2]。另一种情形是，所见为孤本、稀本，或国家藏书，不能购买，则只能抄录。如赵明诚夫妇就曾利用赵父为丞相之便，从国家藏书中抄录了许多珍本图书。李清照说："丞相居政府，亲旧或在馆阁，多有亡书、逸史，鲁壁、汲冢所未见之书。遂力传写，浸觉有味，不能自已。"[3] 宋人抄书缕析如上，足见抄录是宋代藏书家收书最常用的方法和最主要的途径。

藏书来源三曰馈赠。宋人藏书除购买和抄写外，得之于赏赐或赠送，也是收藏的来源之一。两宋时期，赵氏皇朝对臣下的封赏，有金银丝帛，偶尔也有图籍，因而士大夫藏书者有时可得益于朝廷所赐。如

---

[1] 徐度：《却扫编》卷下，载王云五《丛书集成初编》第2791册，商务印书馆，民国二十五年（1936）版。
[2] 陈长方：《唯室集》，载《影印文渊阁四库全书》第1139册，台湾商务印书馆，1983年版，第658页。
[3] 徐北文：《李清照全集评注》，济南出版社1990年版，第213页。

宋绶与其父同在馆阁时，每赐书必得二本，其藏书之盛，这也是一个原因。又如宋神宗曾赐司马光以颖邸旧书二千四百卷之多。亲友相赠，更是不可小视的收书渠道。如宋绶"外祖杨徽之无子，家藏书悉与绶"[1]；《郡斋读书志序》又说："宋宣献（绶）得毕文简（士安）、杨文庄（徽之）家书，故所藏之富与秘阁等。"晁公武在四川时，也得到四川转运使井度赠书，共50箧，约15000卷。宋代人藏书也有互赠互利者，宋敏求和王钦臣就曾互置目录一册，相约遇所缺者，则互为传录写寄。

以上是宋代私家藏书聚书的几个重要渠道。然而聚书不易，散书不难，宋代不少藏书家的收藏曾经盛极一时，他们也都呕心沥血，倍加爱护，但由于皇朝更替等人为原因和自然原因的破坏，许多私家藏书不过三代而亡，有的甚至散佚于当代。故宋末藏书家周密深有感触地说："世间凡物未有聚而不散者，而书为甚。"[2] 了解宋代私家藏书的亡佚，将有助于考察我

---

[1] 脱脱：《宋史》第28册，中华书局1977年版，第9732页。
[2] 周密：《齐东野语》，载《唐宋史料笔记丛刊》，中华书局1983年版，第216页。

第八章 宋代私家藏书的发展

国文化遗产在此期的传承轨迹，也可从中吸取历史的教训。

宋代私藏图书的散佚大致有毁于兵燹、毁于水火、因子孙不肖而散、遭书禁之厄等数端。

兵燹为藏书之大敌，历来论图书之"五厄""十厄"，多数为战乱兵火之厄。宋私藏图书遭战火焚毁主要是两宋之交的金兵南下和宋元之交的统一战争。明代学者胡应麟在《少室山房笔丛》卷一将这两次图书的惨劫称之为"靖康之厄"和"绍定之厄"。两宋藏书家图书厄于战火者，宋人文集、笔记、题跋有许多记载，其中以周密《齐东野语》卷一二所记最详，他全面概括了南北宋著名私家藏书毁于兵火的情况，兹摘录如下：

> 宋承平时，如南都戚氏、历阳沈氏、庐山李氏、九江陈氏、番易吴氏、王文康、李文正、宋宣献、晁以道、刘壮舆，皆号藏书之富。邯郸李淑，五十七类，二万三千一百八十余卷；田镐三万卷；昭德晁氏二万四千五百卷；南都王仲至四万三千余卷，而类书浩博，若《太平御览》之类，复不与焉；

次如曾南丰及李氏山房，亦皆一二万卷；然其后靡不厄于兵火者。

至若吾乡故家，如石林叶氏、贺氏，皆号藏书之多，至十万卷。其后齐斋倪氏，月河莫氏，竹斋沈氏、程氏、贺氏，皆号藏书之富，各不下数万，亦皆散失无遗。近年，惟直斋陈氏书最多，盖尝仕于莆，传录夹漈郑氏、方氏、林氏、吴氏旧书至五万一千一百八十余卷，且仿《读书志》作《解题》，极尽精详，近亦散失。至若秀岩、东窗、凤山三李、高氏、牟氏，皆蜀人，号为史家，所藏书尤多，今亦已无遗矣。

吾家三世积累……凡有书四万二千余卷，及三代以来金石之刻一千五百余种……余小子遭时多故，不善保藏，善和之书，一旦扫地。因考今昔，有感斯文，为之流涕。[1]

周密所举北宋藏书家则有戚同文、王溥、李昉、陈巽、宋绶、李淑、沈立、曾巩、王钦臣、田伟、吴

---

[1] 周密：《齐东野语》，载《唐宋史料笔记丛刊》，中华书局1983年版，第217、218页。

第八章 宋代私家藏书的发展

良嗣、李常、贺铸等十六位大藏书家之书皆毁于靖康兵火。南宋藏书家则有叶梦得、林霆、方渐、晁公武、倪思、沈瀛、莫汲、程氏、贺氏、郑樵、吴与、陈振孙、李心传、李奕、李焘、高氏、牟氏、周密等十八位大藏书家之书厄于南宋末战火。诚然,不及列举者,还有很多。

水火无情,两宋私家藏书也常有厄于水漂火焚者。如陆游《老学庵笔记》卷二七曰:"刘韶美在都下,得俸专以传书,必三本。……既归蜀,亦分三船,以备失坏。已行至秭归新滩,一舟为滩石所败。"黄伯恩《跋元和姓纂》也记富郑公书,"甲子岁洛阳大水,公第书无虑万卷,率漂没放矢。市人时得而鬻之,镇海节度使印章犹在"[1]。以上记刘仪凤、富弼藏书毁于大水。

晁说之《刘氏藏书记》说:"惟是宋宣献家四世以名德相继,而兼有毕丞相、杨文庄二家之书,其富盖有王府不及者,元符中一夕灾为灰烬矣。予家则五世于兹也,虽不敢与宋氏争多,而校雠是正,则未肯自

---

[1] 黄伯思:《东观余论》卷下,明万历十二年(1584)项笃寿万卷堂刻本。

让,乃去年冬火亦告谴。"[1]高似孙《史略》卷五曰:"邯郸李氏所藏亦然,政和甲午亦火。"又如王明清记叶梦得藏书逾十万卷,"建书楼以贮之,极为华焕,丁卯冬,其宅与书俱荡一燎"。[2]陈振孙在《直斋书录解题》卷八也说:"锡山尤氏尚书袤延之,清熙名臣,藏书甚多,法书尤富,尝烬于火,今其存亡几矣。"以上记载反映了宋绶、晁说之、李淑、叶梦得、尤袤数家藏书毁于大火的情况。

图书往往聚于好书的祖先,而散于不克继承先志的子孙。北宋初藏书家江正尝收吴越江南之藏,典籍称富,然身后子孙不能守,图书散落民间,市人有用以藉物,或用以烧火炊饭,其余的则四处飘零,火燔水溺,虫鼠啃咬,宋人王明清叹曰:"江氏书至此穷矣!"[3]稍后于江正者,则有贺铸家,铸字方回,极为黄庭坚推重,叶梦得称其书万余卷,手自校雠,无一字脱误。然而李心传记曰:"高宗始渡江,书籍散失。

---

[1] 晁说之:《景迂生集》,载《影印文渊阁四库全书》第1118册,台湾商务印书馆1983年版,第308页。

[2] 王明清:《挥麈后录》卷七,商务印书馆,民国二十三年(1934)版。

[3] 王明清:《挥麈后录》卷六,商务印书馆,民国二十三年(1934)版。

第八章　宋代私家藏书的发展

绍兴初，有言贺方回子孙鬻其故书于道者。"[1] 书聚于所好，散于不肖。如子孙不悦学或力不能继业，则先世如何苦心叮咛，也无济于事。周煇《清波杂志》卷四记："陈亚少卿，藏书一千余卷，名画一千余幅，晚年复得华亭双鹤及怪石异花，作诗诫其后云：满室图书杂典坟，华亭仙客岱云根。他年若不和花卖，便是我家好子孙。亚死，悉归他人。"藏书聚散无常，变幻之速，陈亚藏书之失读来也颇令人沉痛。

宋代的禁书也对私家藏书造成了破坏。如南宋秦桧禁私史，《宋史·秦桧传》记："桧先禁私史，（绍兴）十五年七月，又对帝言：私史害正道……其后李光家，亦举光所藏书万卷焚之。"秦桧禁书为时虽短，但为害非仅李光一家。绍兴十七年（1147）王明清之老母，因惧怕政治迫害，取家中"前人所记本朝典故，与夫先人所述史稿杂记之类，悉付之回禄"[2]，这是禁书之厄又一悲剧。

两宋私藏图书的散亡，除以上四端外，当然还有

---

[1] 李心传：《建炎以来朝野杂记》，载《唐宋史料笔记丛刊》，中华书局2000年版，第114页。

[2] 王明清：《挥麈后录》卷七，商务印书馆，民国二十三年（1934）版。

军阀土匪的豪取、强夺,以及鼠虫蠹鱼的蛀食,这些人为和自然的破坏,则不在此一一详述了。

二、宋代私家藏书的特点

宋代私家藏书与前代相比,具有人数多,藏量高,分布广,图书的整理和利用效果好等显著的特点,于古代私家藏书史中,实有承前启后、推波助澜之功。以下仅从几个主要的方面进行归纳和分析。

第一,宋代私家藏书的规模大,藏书家的人数远远超过以前各代藏书家的人数。清人叶昌炽在《藏书纪事诗》中对宋代藏书家事迹曾做爬梳整理,据目录所载,叶书记宋藏书家108人。其实,有明确文献记载的宋代藏书家远远不仅如此。根据目前对宋藏书家考证的情况来看[1],两宋藏书家的人数应不少于340人。如按阶段划分,各期藏书家人数大致是:

五代入宋时期25人;

---

[1] 数字依据潘美月:《宋代藏书家考》,台北学海出版社1980年版。陈翔华主编:《文献》1988年第1期、第2期。刘汉忠:《宋代私家藏书拾遗》《四川图书馆学报》1989年第3期。

第八章　宋代私家藏书的发展

北宋承平时期 160 人；

两宋之际 74 人；

南宋时期 81 人。

宋代藏书家不但人数多，而且涉及面广。除士大夫以藏书相夸尚，一般读书人家也加入了藏书的行列，如布衣诸葛行仁，是南宋越中三大藏书家之一。此外，藏书家中也有僧道人物，如北宋时期的文莹和陈景元。这些情况都说明藏书活动的普遍性。宋代私藏图书的数量极其可观，文献记载表明，收藏超过万卷以上的藏书家有 80 余人，有的藏书量达十余万卷，如贺铸、叶梦得等人。藏书较多的藏书家往往筑室建楼，用以储书，据统计，有专门记载的藏书楼不下 40 家。

宋代私家藏书规模还表现在地域分布较广，遍及河南、浙江、江苏、四川、江西、安徽、福建、山西、河北、山东、湖北、湖南、陕西、甘肃等省，而不像以前各代，私家藏书仅集中于首都所在及经济发达的个别省区。现将平时所辑资料汇为一表，以见宋代藏书家的区域分布情况。因篇幅所限，不能将藏书家姓名一一条列，仅注明各省南北宋藏书家人数及两宋总数。

省份	北宋	南宋	总数
河南	42	6	48
浙江	27	40	67
江苏	22	12	34
四川	15	15	30
江西	35	23	58
安徽	6	5	11
福建	18	13	31
山西	7	1	8
河北	11	1	12
山东	7	6	13
湖北	2	2	4
湖南	2	2	4
陕西	9	0	9
甘肃	3	0	3

以上表格说明，藏书家的地域分布以浙江、江西两省人数最多，其次为河南、江苏，再次为福建、四川。这是因为，浙江为两宋雕版印刷的中心，杭州又为南宋一百多年京城所在，故私人藏书必然发达。河南因北宋建都开封，多所经营；而江苏、福建、四川也皆当时雕版印刷兴盛之地，所以私家藏书则比较繁荣。值得注意的是江西藏书家人数极多，仅次于浙江

第八章 宋代私家藏书的发展

而位居第二,这除了江西在宋代刻书业也比较发达外,恐怕还由于江西在两宋相对处于后方,受战乱影响较少,再有一个解释就是宋代江西人文学术昌达,如欧阳修、王安石、曾巩、洪皓、洪适、洪迈,乃至宋末的马端临等,名家辈出,区域性的人文传统营造了学术文化氛围,在宋代江西表现得比较突出,这是值得研究的文化现象。

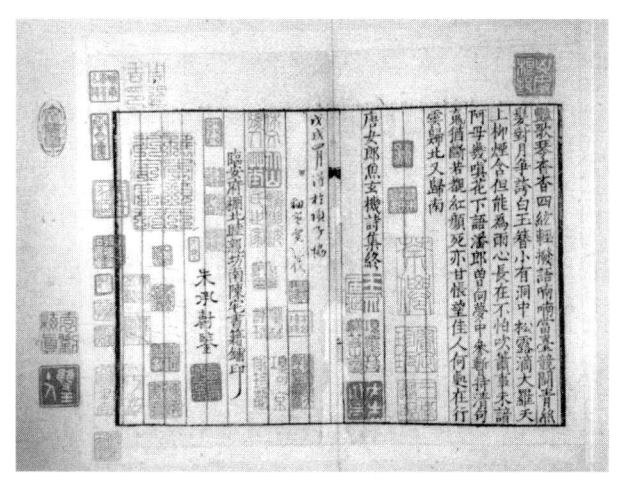

南宋临安陈宅书籍铺刻本《唐女郎鱼玄机诗集》

第二,宋代私家藏书非常注意对图书的整理,整理工作主要包括校勘和编目。宋人藏书,精于校勘,查阅藏书家事迹,往往有"手自校雠"的记载。因为通过校雠,可以提高藏书的质量,所以宋代许多著名藏书家的收藏不仅丰富,而且号称精良,许多人不仅是著名的藏书家,也是著名的校勘家。如毕士安、宋绶、宋敏求、苏颂、陈景元、贺铸、晁说之、王莘、林霆、晁公武、岳珂、陈振孙等。其中宋绶、宋敏求父子,藏书不仅广博,而且勤于校勘。宋绶总结校勘的体会是:"校书如扫尘,一面扫,一面生。故有一书每三四校,犹脱缪。"[1] 这一名言,道出了校书的重要性和艰巨性,成为后世校勘家时时警诫的座右铭。宋代学者叶梦得在《过庭录》中盛赞宋氏藏书说:"本朝公卿名藏书家,如宋宣献、李邯郸,四方士民如亳州祁氏、饶州吴氏、荆州田氏等,吾皆见其目,多止四万卷。其间颇有不必观者。惟宋宣献家择之甚精,止二万许卷,而校雠详审,皆胜诸家。"故宋家藏书以精善而著称。宋敏求继承家风,他的藏书在父辈的基础上又有发展,增至三万卷。所藏书,凡校雠三四遍,"或缮写别本,以

---

[1] 沈括:《梦溪笔谈》,中华书局 2009 年版,第 292 页。

第八章 宋代私家藏书的发展

备出入。故其收藏，最号精密。"[1]

藏书繁复，如不作整理则杂乱无序，寻检维艰，更谈不上由此辨章学术，虽有其书，实亦若无。故藏书家、文献学家郑樵说："士卒之亡者，由部伍之法不明也。书籍之亡者，由类例之法不分也。类例分，则九流百家各有条理，虽亡而不亡也。"[2]宋代藏书家能认识到这一点，所以条理载籍，编定书目者颇多。从文献记载上看，我们可以了解到的宋代私藏书目共有33种[3]。因年代久远，流传下来的仅有晁公武《郡斋读书志》、尤袤《遂初堂书目》、陈振孙《直斋书录解题》。晁目、陈目的提要内容学术价值极高，尤目则开版本目录学之先河，它们在古代目录学史上占有重要位置，南宋的郑樵不仅编制了《通志·艺文略》这样大型的史志目录，还编撰了我国第一部目录学理论专著《通志·校雠略》。

第三，宋代私家藏书还注意藏书的利用和传播。

---

[1] 徐度：《却扫编》卷中，载于云五《丛书集成初编》第2791册，商务印书馆，民国二十五年（1936）版。

[2] 郑樵：《通志二十略》，中华书局1995年版，第1804页。

[3] 可参见汪辟疆《目录学研究》及潘美月《宋代藏书家考》，在此不一一赘列。

比如，有的藏书家能够做到私人藏书与他人共享，大藏书家宋敏求藏书丰富精良，居春明坊时，"士大夫喜读书者多居其侧"，以便借阅，竟使周围的房租比往常提高了一倍[1]。藏书家李常将自己的图书蓄于僧舍，供人使用，苏轼为他作《李氏山房藏书记》，盛赞这种将私人藏书"以遗来者，供无穷之求"的做法。有的藏书家则能利用自己的藏书刊刻传布，如陆游父子。据考，陆游所刻有《岑嘉州集》《陆氏续集验方》《南史》《世说》《江谏议奏议》《剑南诗稿》等；其子陆子聿绍继父志，所刻图书有《徂徕集》《开元天宝遗事》《西昆酬唱集》《唐御览集》《潘逍遥集》《东里集》《巨鹿东观集》《尔雅集》《鹖冠子》《鬻子》《陶山集》《二典义》《剑南续稿》《老学庵笔记》等。此外，陆氏父子还一起刻有《皇甫集》《圣政草》《春秋后传》《春秋后传补遗》。总之，父子两代共刻书近三十种。

宋代私家藏书虽因各种原因遭受破坏，但有不少古籍仍流传后世，见之于后代书目。如楼钥所藏《昌黎先生诗集》，见于清官修《天禄琳琅书目续编》卷六；

---

[1] 朱弁：《曲洧旧闻》，载《唐宋史料笔记丛刊》，中华书局2002年版，第141页。

第八章 宋代私家藏书的发展

史守之所藏《资治通鉴考异》《四明志》《却扫编》《艺文类聚》分别见于清官修《天禄琳琅书目》卷二、卷四，清人黄丕烈《士礼居藏书题跋记》卷五，张金吾《爱日精庐藏书志》卷二六；俞琰所藏《童溪王先生易传》《丙子学易编》《诚斋易传》《周易正义》分别见于《天禄琳琅书目续编》卷二、《四库全书总目》卷三、清人杨绍和《楹书隅录》卷一、今人傅增湘《藏园群书题记续集》卷一。宋代藏书家所刻之书，如陈起、陈思、廖莹中等家刻本，流传至今者还有不少。至于那些今虽不传，但在元明清三代作为图书种子，化身千亿的宋代私家藏书，则不计其数，这便是私家藏书源远流长、绵延不绝的文化意义。

第九章　元代私家藏书的渐进

元代藏书事业历来不为人们注意,在有关论著中往往付之阙如。诚然,元朝历史较短,有关藏书家的记载积累不多,但这不等于空白,否则,便无法解释不少宋元刻本流传明清以至于今的事实。应该说,元代国家藏书确实很不发达,但元代私家藏书在一定程度上弥补了这种缺憾,对保存典籍、传播文化发挥了积极作用。爬梳整理史传、文集、方志中有关元代藏书家的零星史料,我们可以对元代私家藏书的概况、特点和贡献有一个基本的认识。

一、元代私家藏书概况

元代私家藏书的基础是宋代遗存的大批典籍,元

第九章 元代私家藏书的渐进

的雕版印刷在宋刻的基础上又有所发展，所以元代藏书家仍有条件在战乱之后，一方面保存旧籍，一方面不断丰富自己的收藏，从而涌现出一批成就显著的藏书家。较为著名的藏书家，元初如文臣耶律楚材、张文谦、李冶，武将如张柔、贾辅、汪惟正，隐逸如庄肃、张雨等人；元中期如宋宗室赵孟頫、孔子五十四代孙孔文升，还有申屠致远、同恕、张思明、袁桷、陆友等；元末则有苏天爵、杨维祯、顾德辉、孙思明、虞子贤，以及画家黄公望、倪瓒等。见于记载的元代藏书家虽不过百人，但其中藏书万卷以上的即有十五六人。

元代藏书家的图书来源有多种渠道，元初勋臣武将之藏，多于战火中所得，他们往往因主持一方军政，故有机会收罗当地故家遗散，丰富自己的收藏。如大将张柔、贾辅曾先后攻占河南、山东，因此，"二家藏书皆万卷"[1]。皇室的赏赐，也是一些勋臣的藏书来源，如《元史·脱烈海牙传》记载，仁宗在东宫时，闻知脱烈海牙嗜学，便"出秘府经籍及圣贤图像以赐，时人荣之"[2]。但是总的来说，元代私家藏书的来源主

---

[1] 宋濂:《元史》第12册，中华书局1976年版，第3698页。
[2] 宋濂:《元史》第11册，中华书局1976年版，第3320页。

要还是以下三个途径：

其一，继承先世遗存。元代不少藏书家的父祖原是宋代官宦，或是文人儒士，藏书积世，在元代得以传承保存，或不断补充新藏，继续发展。如大书法家、文学家赵孟頫，出身宋朝宗室，入元后又官至翰林学士承旨。他的藏书以精良著称，所藏宋刻本《汉书》《后汉书》尤为明清两代藏家视为无价之宝。元中期学者、翰林文学袁桷世代藏书，从其曾祖父起，"乃务购书"，"其世所未有，则从中秘书及故家传录以归"，到了袁桷，"旧书之传，距于今四世矣"。袁桷在继承旧藏之余，为了补充藏书在战乱的损失，又"复购遗阙，箧载以归"，"又思旁搜远录，侔夫昔日之藏"。[1]《至正直记》卷二曰："袁伯长学士承祖父之业，广蓄书卷，国朝以来，甲于浙东。"[2] 可见袁氏藏书在袁桷一代的发展。又如至正间学者苏天爵，家有"滋溪书堂"，继承先人藏书万余卷，宋本为他作《滋溪书堂记》(见《元文类》卷三一)，备述袁氏数代藏书源流。

---

[1] 袁桷:《清容居士集》，载《影印文渊阁四库全书》第 1203 册，台湾商务印书馆 1983 年版，第 302 页。

[2] 孔齐:《至正直记》，上海古籍出版社 1987 年版，第 39、40 页。

第九章 元代私家藏书的渐进

其二,节用聚书,是元藏书家收书的另一主要途径。《元史·张思明传》记延祐间中书参知政事张思明,"平生不治产,不蓄财,收书三万七千余卷"。元藏书家还有不少节衣缩食,倾家产置书的例子。如与张思明同期的申屠致远,"清修苦节,耻事权贵,聚书万卷,名曰墨庄"[1]。同恕"家无担石之储,而聚书数万卷,扁所居曰'榘庵'"[2]。又有嗜书如命、购书不计价钱者,如元人《干文传》记苏州儒士沈景春,"平生寡嗜欲,惟酷好收书","人有挟书求售,至必劳来者饮食之,酬之善价,于是奇书多归沈氏"[3]。元代藏书家购书聚书成就较为突出的,应属隐居上海的庄肃,明崇祯三年《松江府志》卷四二曰:

> 庄肃字恭叔,号蓼塘,居青龙镇。仕宋为秘书小史,宋亡弃去,放身海上。性嗜书,聚书至八万卷,且多手钞者。经史子集,下至稗官小说,靡所不具。书目以甲乙分十门。至正间修宋、辽、

---

[1] 宋濂:《元史》第13册,中华书局1976年版,第3990页。
[2] 宋濂:《元史》第14册,中华书局1976年版,第4327页。
[3] 陆心源:《皕宋楼藏书志》卷五三,新文丰出版公司1968年版。

金史，诏求遗书，危素购于其家，得五百卷。[1]

庄肃藏书虽多，奈子孙不知爱惜，以致编帙散落；危素采书时，其家又恐所藏兵书、图谶书犯禁，于是纵火焚书，待收拾余烬，仅得五百卷[2]。明代学者胡应麟《少室山房笔丛》卷一转录了元代最大的一次购书活动。他说："《豫章漫钞》云，元至正初，史官遣属官驰驿求书，东南异书颇出。时有蜀帅纽邻之孙尽出其家资，遍游江南，四五年间，得书三十万卷，溯峡归蜀，可谓富矣。"[3] 纽邻即纽璘，宪宗时攻占四川，以功升都元帅，《元史》卷一二九有传。其家虽贵为功勋，资产丰厚，但一次购书得三十万卷，空前绝后。胡氏于此不敢深信，故曰："罄其一家之产，骤得三十万卷，亦宇宙奇事。"此事虽不可全信，但由此亦可见元人购书收藏之一斑。

其三，元人聚书的另一来源即抄书。抄书是古代

---

[1]《崇祯松江府志》，载《日本藏中国罕见地方志丛刊》，书目文献出版社1991年版，第1091、1092页。

[2] 陶宗仪：《南村辍耕录》卷二七，中华书局，民国二十五年（1936）版。

[3] 胡应麟：《少室山房笔丛》，上海书店出版社2001年版，第13页。

第九章　元代私家藏书的渐进

藏书家收集图书一个最常用的方法，就是在雕版印刷普遍流行的宋元明清也是如此。因为手工抄写简单易行，只要有笔墨纸砚即可操作而不须他人协助；另外，历代藏书家还把抄书当作读书记忆的有效办法，手抄一遍印象深刻，能达到事半功倍的效果。元代私家藏书的抄书活动也很频繁。最突出的人物是元末华亭人孙道明。他"好古不习举子业，藏书几万卷。或遇秘本，手自抄录，至老弥笃。尝筑映雪斋，延接四方名士，校阅藏书为乐"[1]。孙氏手抄本有许多一直流传到清代，清人藏书目录中就有不少记载。如：抄于至正十八年的《闲居录》一卷，见于《铁琴铜剑楼宋元书目》；抄于至正二十年的《自号录》一卷，见于《读书敏求记》卷三；抄于至正二十四年的《北梦琐言》二十卷，见于《爱日精庐藏书志》卷二七；抄于至正二十六年的《衍极》五卷，见于《士礼居藏书题跋记》卷三；抄于至正二十七年的《玉峰先生脚气集》二卷，见于《皕宋楼藏书志》卷五八；抄于明洪武九年的《临汉隐居诗话》一卷，见于《读书敏求记》卷四。清初书家钱曾《读书敏

---

[1]《崇祯松江府志》，载《日本藏中国罕见地方志丛刊》，书目文献出版社1991年版，第1109页。

求记》卷二曰:"予见道明抄书,不下数十种。"足见元人抄书典藏之勤。

二、元代私家藏书的特点

元朝是中国历史上第一个由少数民族入主中原的多民族统一国家,各民族文化融合,以及元朝统治者注意在武力征服后实行文治的政治、文化背景,形成元代私家藏书异于前代的一些特点。

首先,元代出现了一批少数民族藏书家,这在元以前的藏书史上是很少见的。元朝建立以后,一些有远见卓识的少数民族政治家,提倡学习和吸收汉族的先进文化,采用"汉法",改变"旧章",实行封建制度的革新。在元初统治阶层中,较早遵用"汉法",提倡儒学的是耶律楚材。他不仅在元初依汉法制定君臣礼仪,派人四处寻找儒士,在平阳编印儒学典籍,自己也"博极群书,旁通天文、地理、律历、术数及释老、医卜之说"。他好藏书,死后留"古今书画、金石、

第九章 元代私家藏书的渐进

遗文数千卷"[1]。元世祖时，宋儒赵复到北方传播理学，儒学思想和著作得以更为广泛地流传。于是，一些少数民族出身的士大夫、将军由渐通儒学，到嗜书藏书。如畏吾儿政治家廉希宪，"笃好经史，手不释卷"，被忽必烈称为"廉孟子"（《元史·廉希宪传》）。回族政治家赛典赤·赡思丁不仅自己酷好儒学，还在云南"创建孔子庙、明伦堂，购经史，授学田"[2]，提倡文教。蒙古贵族中好学藏书的人物更多一些。如宗室塔出"性温厚，谦恭好学，通经史"[3]；少中大夫只必"幼嗜读书"，在监军东平时，"出家藏书二千余卷，置东平庙学"[4]；荣禄大夫、平章政事千奴，仁宗时致仕后"退居濮上，筑先圣宴居祠堂于历山之下，聚书万卷"[5]；高唐王阔里吉思喜读书，尤笃于儒术，"筑万卷堂于私第"，藏书论学[6]。

蒙元以武力得天下，但以忽必烈为代表的元初统

---

[1] 宋濂：《元史》第11册，中华书局1976年版，第3455、3464页。
[2] 宋濂：《元史》第10册，中华书局1976年版，第3065页。
[3] 宋濂：《元史》第10册，中华书局1976年版，第2906页。
[4] 宋濂：《元史》第10册，中华书局1976年版，第2943页。
[5] 宋濂：《元史》第11册，中华书局1976年版，第3259页。
[6] 宋濂：《元史》第11册，中华书局1976年版，第3261页。

治阶层，能够意识到蒙古祖先"武功迭兴，文治多缺"（《元史·世祖本纪一》）的问题，故而提倡儒学，重视文治。这种风气也影响了一些戎马倥偬的将帅，因此，有不少武臣也家富藏书。这是元代私家藏书的另一个特点。例如，前文提到的阔里吉思，是一名骁勇的武将，世祖时曾平乃颜党也不平，成宗时又败海都于伯牙思之地，屡立战功。《元史》本传说他"性勇毅，习武事"，但他也好读书，筑万卷堂收藏典籍，"日与诸儒讨论经史"。又如汪惟正，出身将帅世家，袭爵为都总帅后，曾主持四川军务，对南宋作战。虽驰骋疆场，却也好学深思，"藏书二万卷，喜与文士议论古今治乱"[1]。此外，如汉人将帅张柔、贾辅也都家有藏书，多达万卷。

元代私家藏书在地理分布上，以大都和江浙最为集中，这一特点为后来的明清两代所继承。元大都作为政治文化中心，百官汇聚之地，私人藏书之多，不言而喻。江浙为元代私家藏书中心，除了宋代数百年私家藏书的基础外，也因江浙在元代仍是雕版印刷业最为发达的地区，据吴晗《江浙藏书家史略》所载，

---

[1] 宋濂：《元史》第12册，中华书局1976年版，第3655页。

第九章 元代私家藏书的渐进

元代江浙藏书家有29人。庄肃、袁桷、孙道明皆为江浙著名藏书家。其他较为突出的，如：

杜元芳，"元上海人。官德清主簿，晚隐杜村，构翡翠碧云楼，庋书万卷"。[1]

袁易，字通甫，元平江人。易不乐仕进，筑室曰"静春堂"，"堂中有书万卷，悉君所校定"[2]。

杨维祯，字廉夫，元末山阴人。"少时，日记书数千言，父宏，筑楼铁崖山中，绕楼植梅百株，聚书数万卷。"[3]

此外，又如元末虞子贤，世居江苏支塘，"家藏书史及古今法书名画甲三吴"[4]；江苏靖江陈杰，"建万卷楼藏古今书，积帙至于充栋"[5]。

大都和江浙以外的各省藏书家则比较分散。值得一提的是，山西的藏书家得益于平水地区发达的刻书

---

[1] 江家珣、姚文楠：《民国上海县志》卷一八，上海瑞华印务局，民国二十五年（1936）版。
[2] 袁易：《静春堂诗集》，载王云五主编《丛书集成初编》，商务印书馆，民国二十六年（1937）版。
[3] 张廷玉：《明史》第24册，中华书局1974年版，第7308页。
[4] 庞鸿文：《常昭合志稿》卷三二，光绪三十年（1904）版。
[5] 叶滋森、褚翔：《靖江县志》卷一四，光绪五年（1879）版。

业，异军突起，收藏也颇令人瞩目。聂光甫《山西藏书考》列山西著名藏书家有裴居敬、段思温、王士纲、卫元凯、张维喜等。其中裴居敬蓄书至二万余卷；段思温从仲父段成己之学，授业乡里，积书万卷；张维喜隐居授徒，藏书亦有万卷。[1]

三、元代私家藏书的贡献

元代藏书家为图书的积聚和保存倾注大量心血，有的甚至付出了毕生精力。尤其是元初一些藏书家，在战乱之间保存典籍，往往备尝艰辛。如《元史·李冶传》记李冶在金末兵荒马乱之际，"微服北渡，流落忻、崞间，聚书环堵。人所不堪，冶处之裕如也"[2]。袁桷父祖插架琳琅，宋末全家渡江北逃，为避兵燹，图书"悉藏山中"，"乃幸而获全"[3]，足见爱书呵护之忱。就是处于元代承平之时，藏书家收书、保存也很不容

---

[1] 聂光甫：《山西藏书考》，《中华图书馆协会会报》第三卷第六期，国家图书馆出版社 2009 年版。
[2] 宋濂：《元史》第 12 册，中华书局 1976 年版，第 3759 页。
[3] 袁桷：《清容居士集》，载《影印文渊阁四库全书》第 1203 册，台湾商务印书馆 1983 年版，第 302 页。

易。他们当中的许多人常常为了搜集图书而倾尽家产。孔子五十五世孙孔克齐在《至正直记》中记其先公家训曰:"宁存书种,无苟富贵。"藏书家同恕为购买图书而"家无担石之储"。这些都颇能表现元代藏书家苦节藏书的精神。

元代私家藏书活动对文化的传承和发展,作出了重要的贡献。

首先是图书的借阅和流传,对思想传播和社会教化发挥了作用。元代理学在北方传习,便是由儒者赵复传姚枢程、朱理学之书,再由姚枢、许衡、窦默等人互相讲习,大力提倡,使北方理学蓬勃发展起来。元代不少学者既是藏书家,又是文化传布者。如同恕家富藏书,延祐间领教陕西鲁斋书院,来学者千人。杭州藏书家吾衍,博览好古,"楼上图书四壁,坐对竟日无倦容。生徒从衍游者常数十百人"[1]。一些地方官员,也知利用藏书来推行教化,《元史·塔塔儿台传》记塔塔儿台之子只必监军东平,出私藏书籍数千卷,使当地学徒讲肆之。《赛典赤·赡思丁传》记赡思丁见

---

[1] 丁申:《武林藏书录》卷中,清光绪二十六年(1900)嘉惠堂刻本。

云南俗无礼仪，子弟不知读书，则为"购经史，授学田，由是文风较兴"。

元私家藏书还滋养了一代学人。像赵孟頫、袁桷、苏天爵、杨维祯这样的学者，自然可以利用自己家中的收藏而博览群书，但是不少学者则无如此条件，他们是依靠别人的藏书苦志力学的。《元史·郝经传》记郝经家贫，"昼则负薪米为养，暮则读书"，他利用守帅张柔、贾辅丰富的藏书，博览强记，写出了《续后汉书》《通鉴书法》《玉衡贞观》等书数百卷。《元史·隐逸传》记张枢家本无书，但外家插架数万卷，于是"枢尽取而读之，过目辄不忘，肆笔成章"，才识远近闻名，朝廷曾两次召以监修宋、辽、金三史，皆辞而不就，隐居乡里，著《春秋三传一义》《刊定三国志》等大批著作。

除了收藏、利用之外，元代藏书家还注意对典籍的整理。他们的整理工作，包括校勘和编目。《元史·隐逸传》记载乐安人何中，"家有藏书万卷，手自校雠"，其学弘深该博，为程钜夫、元明善、姚燧、吴澄、揭傒斯所推服。藏书家孙道明不仅藏书不辍，还以"校阅藏书为乐"。藏书家吾衍家藏图书四壁，校对竟日无倦容。《明史·倪瓒传》记载元末书画家倪瓒，藏书数千卷，皆手自勘定。元代一些藏书家还编有私藏目录，如袁桷就有《袁氏旧书目》和《袁氏新书目》，吴郡藏书家陆友则编有《陆氏藏书目录》（黄潜《陆氏藏书目录序》，见《黄文献公集》卷五），庄肃也有私藏目录，"书目以甲乙分十门"。遗憾的是，这些私藏书目都未能流传下来。

元代私家藏书保存下来的大量典籍，为明清学术文化的发展打下坚实基础，有的流传至今。在明清两代一些藏书目录上，常常可以看到对元人藏书的记载，其中如赵孟頫、张雯、陆友、孙道明、沈景春、夏亭芝等人的一些藏书，尤为明清藏书家所珍重，而给予详细的著录。更为可贵的是，元代一些藏书家还将自己保存的图书种子，或付之梓刻，化身千亿；或抄写流传，嘉惠后人。如袁桷就曾刻过宋人林越的《汉隽》十卷。《常熟先哲藏书考略》记述班惟志刻印元人尚从善《本草元命苞》九卷；卢镇刻印宋人鲍廉《琴川志》十五卷、宋人王烁《言子》三卷；画家黄公望则传抄道书六种：《金真指归》一卷、《抱一子三峰老人丹诀》一卷、《存神固气论》一卷、《摄生纂录》一卷、《养生秘录》

一卷、《抱一含三秘诀》一卷。

综上所述,元代私家藏书对于当时及后世的影响,确实不可忽略;元代藏书家的实绩,自应在中国藏书史中占有不可或缺的一席之地。

第十章　清代私家藏书文化习俗

在清代私家藏书活动中，除了有设置藏书楼和刻制藏书印等较为广泛的风尚，还有一些特殊的藏书习俗和癖好。这些藏书习俗体现了藏书家在藏书过程中的精神追求和内心感受，反映出他们对于典籍的敬意和专注之情。对于古代藏书家那些或痴或迷的藏书癖好，不能简单地将其看作是玩物丧志的表现，而应该看到，正是他们对于藏书的执着和投入，才能将貌似单调和枯燥的藏书活动演绎成一幅幅生动的文化场景。因此，有必要对这些现象作文化史的梳理和阐释。

首先，应当注意到清代藏书家的藏书纪事、绘画、征诗之风。清代藏书家在得到古籍善本、秘本之时，不仅在藏书题跋中记藏书过程，欣喜之余，还常常招朋置酒，绘图征诗，品茗赏书，以尽一时之雅兴，满足精神上的享受。从一些文献记载上看，许多藏书家都绘制过藏书图，其制亦因时因地因事之不同而相异。如眠琴山馆的刘桐较早有"访书图"，后来由于藏书流散，又有"忆书图"。阮元在镇江焦山有藏书处，因此他有"焦山曝书图"。再如贝简香有"味书图"，葛香士有"林屋藏书图"，沈恕有"柳坡消夏图"，蒋光焴有"潋山检书图"。有些藏书家的藏书图多达几十幅，例如乾嘉时期的藏书家黄丕烈，每得异书必绘图，他的藏书图分几个系列，按先后次序称"得书图""续得书图""再续得书图"。仅最后一个系列，就有藏书图十二幅，他得宋刻《孟浩然诗集》，便绘有"襄阳月夜图"[1]；得宋刻《三谢诗》，便绘有"三径就荒图"[2]；得宋刻《北山小集》，又绘"蜗庐松竹图"[3]；得宋刻《唐鱼玄机诗集》，绘"玄机诗思图"[4]；此外还有"祭书图"、"第二祭书图"等，不一而足。多数藏书家的藏书图，皆因时代湮灭，或随藏书的散失而亡佚，如黄丕烈的藏

---

[1] 黄丕烈：《孟浩然诗集》跋，黄丕烈著、潘祖荫辑、周少川点校《士礼居藏书题跋记》，书目文献出版社 1989 年版，第 191 页。

[2] 黄丕烈：《三谢诗》跋，《士礼居藏书题跋记》，第 187 页。

[3] 黄丕烈：《北山小集》跋，《士礼居藏书题跋记》，第 241 页。

[4] 黄丕烈：《唐鱼玄机诗集》跋，《士礼居藏书题跋记》，第 221 页。

书图,而今能追寻其踪迹的,只有"读未见书斋图"与"赏书析奇图"两幅了。

题诗吟诵,以纪藏书之事,也是藏书家的雅好。至今从许多学者的文集里还可发现不少与藏书有关的诗篇。这些诗或纪事或纪人或纪楼或纪书,内容很丰富。清前期杭州诗人厉鹗的诗中,就有不少吟哦藏书的佳作。清末藏书家叶昌炽作《藏书纪事诗》,在每个藏书家前题诗一首,记人记事记书,便是这种流风的余绪。还是以藏书家黄丕烈为例,他曾延请当时著名的校勘学家顾广圻为他作《百宋一廛赋》,以赋的形式,介绍他所藏的百种宋刻书。他作的《同人唱和诗》,多数也是藏书纪事诗。此外,他还有所谓的"三益联吟"诗册,即在得奇书异本时,邀请藏书同好,选一字为韵,三人成联,吟诗纪事。他曾与陈鳣、吴骞三人联吟宋刻书《临安三志》;与顾广圻、夏文焘三人联吟元本《丁鹤年集》;与纽非石、袁廷梼三人联吟宋刻《千金方》等。仅从他的《士礼居藏书题跋记》中,就可看到这类藏书纪事诗二十余首。这些诗对于书籍的版本、流传、藏书家的情况都有大致的记载,也是古典目录学中弥足宝贵的资料。

清代藏书家还常常有一些别出心裁的品评鉴赏活动，来表达他们对书籍的珍重感情。例如藏书家温汝遂在他的《剑光楼笔记》中记载了广东藏书家类似"赛书会"的活动。他说："时方承平，收藏家订期日，具酒榼于珠江，各出所有互为品评，殿者供其费。"藏书家们在约定的日子里，会宴珠江，各出所藏书籍评判优劣，最末者代付酒费，临江饮酒赛书，真是别有一番雅致。

以上藏书风尚，丰富了私家藏书的文化内容，藏书家乐在其中，故竞相为之，流风余韵传承不断而渐成习俗。

清代藏书家的嗜好虽然多种多样，然而共同的嗜好就是对古籍的追求、爱惜和眷恋。这种特殊的爱好，发展到极端，常常成癖，于是不少藏书家把自己称为"书癖""书痴""书淫"。黄丕烈把自己叫做"书魔"，孙从增自称为"老蠹鱼"。钱曾说他二十多年来"食不重味，衣不完采，摒当字资，悉藏典籍，如蠹之负版，鼠之搬姜"[1]。又如山东藏书家李文藻，"情好聚书，每

---

[1] 钱曾：《述古堂藏书目序》，商务印书馆 1935 年版，第 1 页。

入肆,见异本辄典衣取债致之"[1]。这样的记载,在清人著述中可以看到很多。有的藏书家,嗜书如命,他们对书籍的感情,达到入迷成癖的程度,并常常有惊人的表现。例如:

清初大藏书家钱谦益珍藏宋刻《汉书》,后来被迫卖掉,十分沮丧,自称是:"床头黄金尽,生平第一杀风景事也。"[2]他将当时的黯然心绪比作李后主亡国,挥泪别宫娥,一派凄凉景色。

北京藏书家王士禛,常常出没于书肆地摊,寻访古籍,一日过慈仁寺地摊,有意于袁宏《汉纪》等古书,次日清晨往购,不料已被他人买走,于是心中郁郁,惆怅不释,竟至病倒旬日[3]。

江南藏书家周春,藏有宋刻《礼记》《陶渊明诗》,号书楼曰"礼陶斋"。后《礼记》一书售出,改楼号为"宝陶斋";不料《陶渊明诗》也被人巧取,"去书之日,

---

[1] 钱大昕:《李南涧墓志铭》《潜研堂文集》,江苏古籍出版社1997年版,第741—742页。
[2] 于敏中等:《天禄琳琅书目》,中华书局2006年版,第24页。
[3] 王士禛:《居易录》,袁世硕主编《王士禛全集》,齐鲁书社2007年版,第3938页。

泣数行下"[1]，思念之余，将楼号改称"梦陶斋"。

更有藏书家张蓉镜，惜书如命，在宋本《击壤集》卷三的空页上，血书"南无阿弥陀佛"六字，并题字曰："乙巳十一月得之，爱不能释，以血书佛字于空叶，惟愿流传永久，无水火蠹食之灾。"[2]

苏州的黄丕烈，则常常在岁末集一年之所得，邀友朋相聚，焚香祭书。清人沈士元为他题《祭书图》说："黄君绍甫，家多藏书，自嘉庆辛酉至辛未，岁常祭书于读未见书斋。后颇止，丙子除夕，又祭于士礼居……世传贾岛于岁终举一年所得诗祭之，未闻有祭书者。祭之，自绍甫始。"[3]无独有偶，江南有黄丕烈"祭书"，北方又有翁方纲的"祭苏"。翁方纲由于收有宋刻《注苏东坡诗》和东坡手迹《嵩阳帖》，所以号书楼为"宝苏斋"，并于每年的十二月十九日——相传是苏东坡的生日，出宋刻《东坡诗》，焚香奠椒，并邀朋侪为文学之饮，致祝苏轼。黄丕烈在跋《注东坡先生诗》中曰："东坡生日是今朝，愧未焚香与奠椒。却羡苏斋

---

[1] 黄丕烈：《陶靖节先生诗注》跋，《士礼居藏书题跋记》，第185页。
[2] 瞿镛：《铁琴铜剑楼藏书目录》，中华书局2006年版，第304页。
[3] 叶昌炽：《藏书纪事诗》，上海古籍出版社1989年版，第574页。

第十章 清代私家藏书文化习俗

翁学士，年年设宴话通宵。"翁方纲的"祭苏"，是既重于追念诗人的风采，又重于鉴赏宋刻刻本的精良。无论是"祭书"还是"祭苏"，都反映了他们用情于书的情愫。

以上"书癖"的种种举动，实在令人叹绝。今天看来，这些做法虽不值得仿效，

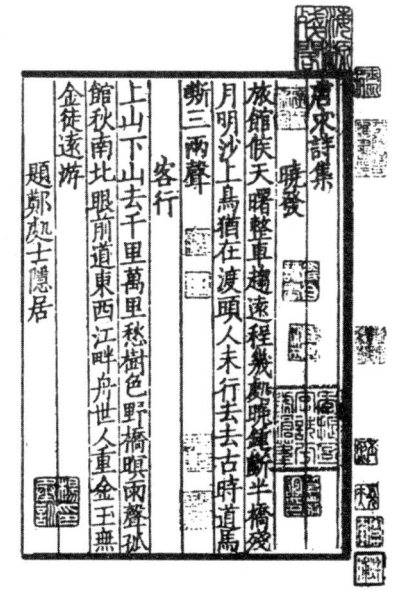

历经清代著名藏书家季振宜、黄丕烈、杨绍和递藏的宋刻本《唐求诗集》

但是古人爱惜古籍文物的精神，却是让人钦佩的。

藏书家专爱宋刻，是清代一些藏书家的偏好，书林盛传为"佞宋之癖"。其风肇始于清初钱曾，他自称"生平所嗜，宋椠本为最"。到清代中期，又有黄丕烈自号为"佞宋主人"。实事求是地说，钱曾、黄丕烈的

"佞宋"，毕竟还能重视宋刻本在校勘学和版本学上的作用，他们利用宋刻本，校正了俗本上许多的谬误。但是某些藏书家的"佞宋"，却完全是一种骨董式的赏鉴，他们对宋版书的迷信，只是为了炫奇夸珍，这样的"佞宋"则属于末流。清人陈其元在《席闲斋笔记》中有一段嘲笑这种怪癖的故事，他说：

> 好古者重宋版书，不惜以千金数百金购得一部，则什袭藏之，不轻示人，即自己亦不忍数翻阅也。每笑其痴。王鼎臣观察安定酷有是癖，宰昆山时，得宋椠《孟子》，举以夸。余请一观，则先令人负一椟出，椟启，中藏楠木匣，开匣方见书。书之纸墨亦古，所刊之笔划亦无异于今之监本。余问之曰："读此可增长智慧乎？"曰："不能。""可较别本多记数行乎？"曰："不能。"余笑曰："然则不如仍读今监本之为愈耳，奚必费百倍之钱以购此耶？"王恚曰："君非能人，岂可共君赏鉴。"急收弄之。余大笑。

这则故事讽刺了当时一位附庸风雅的官僚，得宋本而深椟秘藏,不知所用,只是当作古董,这种不学无术,把古书作为玩物的怪癖,实在要不得。

如果说,有些书癖的行为是亵渎古书的话,那么,清代某些藏书家的"书癖",则不免有损人利己之嫌了。

据吴焯跋《读书敏求记》一文所记,朱彝尊奉命典试江左时,极想观看钱曾收藏的脉望馆手抄本,但钱曾秘不示人。于是朱彝尊置酒高会,邀请包括钱曾在内的当地士人赴宴,趁宴会之际,以黄金、青鼠裘为礼,厚赠钱曾的侍人,使启书箧一观,并随即招藩署书吏数十人于密室中,连夜钞录,夜半始毕。这次偷钞,包括钱曾的《读书敏求记》在内。尽管后来有人因朱氏名望,为贤者讳,替他辩护说,爱书之情至切,不以为过,并誉之为"雅嫌",但此举毕竟不是光明正大的行为。

以上事例,可视为巧取豪夺,就是以封建道德而论,也不能算是"士大夫百行之一"吧。更有甚者,当时的藏书界流传着一句俗话,叫作"借书一痴,还书一痴"。这句话出自古语:"借书一瓻,还书一瓻。"原本的意思是,借人书时送人一瓻酒,还人书时再送人一瓻酒,作为酬谢。由于"瓻""痴"音同,宋代就有人改"瓻"为"痴"[1]，这样意思就完全颠倒了。借书予人是痴人，还书予人更是痴人。如此说来，岂不斯文扫地，文人变成无赖了。这种恶习流传至清代，其风不减，由于借书的赖着不还，藏书的也就秘而不借，因此形成一种恶性循环，藏书界中人或心有余悸，或互相防范，极大地影响了古书的流通和传播。所谓"借书一痴，还书一痴"的坏癖，不应视为对书籍的迷恋或追求，而是个人品德上的堕落。对于这些恶习，尽管有的人以"倾心图书"加以回护，但是大多数藏书家是嗤之以鼻的。光绪间学人梁鼎芬在《丰湖书藏四约·借书约》中就直言："有书不借，谓之鄙悋；借书而不还，谓之无耻。"所言十分中肯。时至今日，仍有一些读书人借"书癖"而窃书、赖账，这种恶习，自然是应该彻底摒除的。

---

[1] 周辉撰、刘永翔校注：《清波杂志校注》，中华书局1994年版，第134页。

第十一章 黄丕烈对古籍的收藏与整理

黄丕烈(1763—1825),字绍武,一字绍甫。号荛圃,又号荛夫、复翁等。江苏长洲(今苏州)人,清乾嘉时期著名的藏书家、校勘学家和版本目录学家。他一生致力于中国古籍的收藏、整理和介绍,为弘扬古代传统文化作出不懈的努力。下文就其在这方面的工作和成就分别进行评述。

一、藏书:保存遗产发挥学术作用

清代乾嘉之际,社会相对安定,经济有所发展,促进了文化事业的繁荣。由于藏书之风兴起,出现了许多有名的藏书家,黄丕烈藏书之富,质量之精,在当时可称首屈一指。叶昌炽在《藏书纪事诗》卷五评论他说:"乾嘉以来藏书家,当以先生为一大宗。"[1] 日本汉学家武内义雄也说:"清藏书家以吴县黄丕烈为第一。"[2]

黄丕烈作为乾嘉时期有名的大藏书家,藏书特点有三:一曰苦,二曰癖,三曰精。

他买书总是苦苦追求,不惜家业财产,尽管由于天灾人事,手头拮据,但只要遇到善本,必设法收购。《士礼居藏书题跋记》曾记载乾隆六十年,他家遭受火灾事,"是时,余方承被火灾后,为治家计最急,省他费购书,室人交遍谪我,我亦置之罔闻而已"[3]。一次是"仲冬以来,为亡儿营葬,长女遣嫁,兼之度岁办粮,所入不偿所出",在较困难的情况下,他仍筹款购书。[4] 以上二事,可看出他无论怎样困苦身心,好书一事,从未改变。有钱时自可满足其"惜书之癖",

---

[1] 叶昌炽著,王欣夫补正,徐鹏辑:《藏书纪事诗附补正》,上海古籍出版社1989年版,第576页。

[2] 叶德辉:《书林清话书林余话》,岳麓书社1994年版,第295页。

[3] 黄丕烈著,潘祖荫辑,周少川点校:《士礼居藏书题跋记》,书目文献出版社1989年版,第70—71页。

[4] 黄丕烈著,潘祖荫辑,周少川点校:《士礼居藏书题跋记》,书目文献出版社1989年版,第88页。

第十一章 黄丕烈对古籍的收藏与整理

无钱时为买书也不惜借债典当,如"近年无力购书,遇宋元刻又不忍释手,必典质借贷而购之"。[1]郑振铎先生性喜藏书,对黄丕烈藏书的艰辛,颇为同情。他说:"尝读黄荛圃《藏书题跋记》,于其得书之艰,好书之切,深有同感。"[2]这样苦心孤诣的聚书,真可说是用心良苦,甚为感人。

他尝自谓有"佞宋之癖"和"爱书之癖",除宋本书以外,凡是精本、善本,他也都爱之成癖。"异书忽来","若痴若呆",这是他的真实写照,每得一奇书,往往绘图征诗,其"得书图""读得书图"等很多,惜今皆不存,题跋中可考者有:襄阳月夜图,三径就荒图,蜗庐松竹图,元机诗思图等。他曾有"手中叶展真奇绝,心上花开喜欲颠"之句[3],可见其爱书之甚,他的祭书活动,也反映了他爱书之癖。沈士元为他题《祭书图说》记:"黄君绍甫,家多藏书,自嘉庆辛酉至辛未,岁常祭书于读未见书斋,后颇止,丙子除夕,又祭于士礼

---

[1] 黄丕烈著,潘祖荫辑,周少川点校:《士礼居藏书题跋记》,第314页。
[2] 郑振铎:《郑振铎古典文学论文集》,上海古籍出版社1984年版,第1015页。
[3] 黄丕烈著,潘祖荫辑,周少川点校:《士礼居藏书题跋记》,第113页。

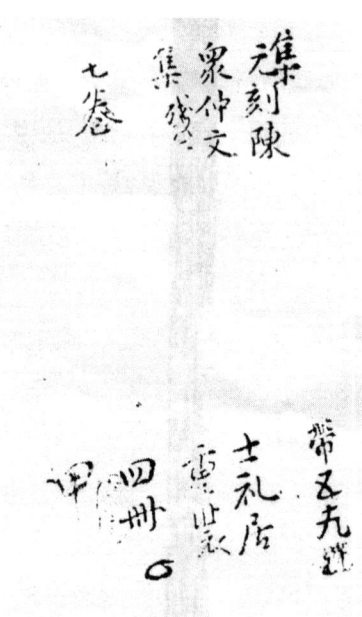

黄丕烈整理装潢藏书记录手迹

居……世传贾岛于岁终举一年所得诗祭之,未闻有祭书者,祭之,自绍甫始。"[1]今天看来,这种举动我们虽不必仿效,但是古人爱惜古籍文物的精神,却是值得借鉴的。

黄丕烈藏书不但多而且精,他的书多得自毛氏汲古阁、钱氏绛云楼、王氏孝慈堂等前辈有名藏书家。遇其他名本也尽量收藏,他自二十岁开始得宋刻,至五十岁计三十年中,所获宋刻书二百种,此后又间有所得。他藏书之精前人早有定论,但以前之论精,多从版本上看,其实在内容上看,他的

---

[1] 叶昌炽著,王欣夫补正,徐鹏辑:《藏书纪事诗附补正》,第574页。

第十一章 黄丕烈对古籍的收藏与整理

藏书也堪称精品。他不像有些藏书家崇儒重经，多收藏经部善本，他认为文集包括材料丰富，所以非常重视文集的收藏，仅藏唐人文集名刻名抄就不下一二百种[1]。此外，他还非常注意收藏被封建统治阶级视为"淫邪""消闲"的小说和戏曲。《梁公九谏》《宣和遗事》等小说都列入《士礼居丛书》，他开辟的"学山海居"，专门收藏词曲，大量有研究价值的元明戏曲遗产，都靠他保存而流传至今。这些作法可看作是对当时封建尊儒成见的冲击，具有一定的进步意义。他收藏的《古今杂剧》《元明杂剧》《脉望馆抄校本元明杂剧》等戏剧垂绝孤本，现在已经付印出版，大大丰富了文学史的研究内容。

由黄丕烈细心校勘，"好写精雕"而刊行的《士礼居丛书》，当时就被学者看作是标准善本，誉为"清朝宋版"。后叶德辉赞其刻书说："模印精工，校勘谨慎，遂使古来秘书旧椠，化身千亿，流布人间，不可得磨灭也。"[2] 他的精美藏书对保存优秀的民族文化遗产起了作用，对于当时及后代的学术文化也有相当影响。

---

[1] 黄丕烈著，潘祖荫辑，周少川点校：《士礼居藏书题跋记》，第191页。
[2] 叶德辉：《书林清话书林余话》，岳麓书社1994年版，第288—289页。

黄丕烈对古籍的收藏,虽然受到多数学者的赞赏,但是也有人对他评价不高,例如比他稍早一点的洪亮吉,分藏书家为考订、校雠、收藏、赏鉴、掠贩数等,就把他划为赏鉴家。洪说:"第求精本,独嗜宋刻,作者之旨意纵未尽窥,而刻书之年月最所深悉,是谓赏鉴家,如吴门黄主事丕烈、乌镇鲍处士廷博是也。"[1]所以把他列为赏鉴家,可能是因他"独嗜宋刻",甚至以"佞宋"自称。他生平酷嗜宋本,"佞宋"之中当然有其蓄书鉴赏的一面,但是关键的一点,是要看他"独嗜宋刻"的目的是否仅仅为赏鉴。黄丕烈是如何看待宋椠本的呢?他说:

  夫书之言宋椠,犹导河言积石也……究之上承转录,此其嫡脉,故曰贻于后而留其真,以睎于先而袭其迹也。及今远者千年,近者犹数百年,所存乃当日千百之一二耳,幸而得之,以校后本,其有未经改窜者鲜矣。夫君子不空作,必有依据,宋椠者亦读书之依据也。故比之以司南,谓指南

---

[1] 洪亮吉著,陈迩冬校点:《北江诗话》,人民文学出版社1983年版,第46页。

第十一章　黄丕烈对古籍的收藏与整理

之车。[1]

从以上引文可以看出，他"独嗜宋刻"的目的在于重视宋刻本在版本学、校勘学上的意义。因为宋刻多为书籍的祖本，"上承转录，此其嫡脉"，虽经历代相传，却能"贻于后而留其真"，其佳处在于保存了古人著作的本来面貌，而后世刻本，对于古人著述"未经改窜者鲜"，所以依据宋刻，可以了解后世刻本对于原书的改动，辨章学术，考镜源流，以求古学的真迹，是"读书之依据"。因此，他"独嗜宋刻"的目的并不单为赏鉴，而是为校书、读书而追求宋本的，可见"独嗜宋刻"与单独鉴赏并没有必然的、唯一的联系。

黄丕烈并不是那种不能窥知"作者旨意"而对精刻本居奇赏鉴的藏书家，他对藏书的利用，虽然谈不上在学术上阐幽发微，著述考证，但在校勘学上发挥了巨大的作用。他每得宋本，必多方了解书籍的内容、学术价值，并与近刻本详细校勘，从而发现宋本的佳胜，纠正俗本的谬误，经他校对过的近刻俗本，便成

---

[1] 黄丕烈撰，余鸣鸿、占旭东点校：《黄丕烈藏书题跋集》，上海古籍出版社2013年版，第940页。

为校宋善本。试问：如果对原书旨意不能了然，怎能正确地进行校勘，又怎能取得很好的效果呢？叶德辉曾指出："但求如黄丕烈《士礼居丛书》、鲍廷博《知不足斋丛书》，既精赏鉴，又善校勘，则亦绝无仅有者矣。"[1] 这一评论是对洪亮吉忽视黄丕烈校勘才能的一个补正。

再说，赏鉴家的旨趣，往往把宋本书看作珠玉珍玩，为赏其古色古香而精装深藏，秘不示人，而黄丕烈则并非如此。他认为："昔人不轻借书与人，恐其秘本流传之广也，此乃鄙陋之见，何足语于藏书之道。"[2] 他虽然"佞宋如命"，但并没有把那些珍贵的宋刻本当作"枕中之秘"，而是使其能为人所用。从他的题跋中可以看出，他曾将宋刻本毫不吝惜地借予别人，学者钱大昕、孙星衍、王念孙、王引之，藏书家鲍廷博、吴骞等都向他借过，他的藏书为这些人的著述、考订、校勘工作提供过不少帮助。例如，钱大昕对元史的研究、《补元史艺文志》的著述，王念孙《广雅疏证》的撰写，鲍廷博《知不足斋丛书》的校勘编定，都利用

---

[1] 叶德辉：《书林清话书林余话》，岳麓书社1994年版，第209页。
[2] 黄丕烈著，潘祖荫辑，周少川点校：《士礼居藏书题跋记》，第318页。

第十一章　黄丕烈对古籍的收藏与整理

过黄氏的藏书。从这一方面说，黄藏书籍对于乾嘉时代的学术繁荣也是起了一定作用的。

因而，有的学者对洪亮吉把他摒为赏鉴家的看法提出过不同意见。如清代学者王颂蔚说："三百年来，凡大江南北，以藏书名者，亡虑数十家，而既精且富，必以黄氏士礼居为巨擘。荛翁之书，有竹汀（钱大昕）、涧蘋（顾广圻）为之考订；香岩（周锡瓒）、寿阶（袁廷梼）、仲鱼（陈鱣）诸君与之通假，故自模刻以暨校钞，靡不精审。洪北江论藏书家次第，斥荛翁为'赏鉴家'，列传是、瓶花之次，非笃论也。"[1] 这个分析有理有据，可以说是实实在在地为黄丕烈叫了委屈。他认为像黄氏这样名冠大江南北的藏书家，居然被排在赏鉴之列，连钱塘瓶花斋吴焯都不如，实在太不公平。近人王欣夫先生也对黄氏"佞宋"的意义作了深入分析，认为"依洪亮吉《北江诗话》的话而只认他为赏鉴家，那是片面的论断"。[2] 综上所述，从黄丕烈藏书的目的、藏书的利用和效果来看，可以认为，他的藏书并不限于

---

[1] 叶昌炽著，王欣夫补正，徐鹏辑：《藏书纪事诗附补正》，第3页。
[2] 王欣夫：《大藏书家黄荛圃——〈荛圃书跋〉导言》，《复旦大学学报（哲学社会科学）》1962年第1期。

赏鉴。当然，他作为封建社会的藏书家，具有士大夫玩物消遣的意味，藏书也就是有其鉴赏的一面，但是今天看来，他的赏鉴手法，如对版本的审别能力，也有我们借鉴、参考的价值。

二、校勘：剔除谬误以求古籍之真

黄丕烈是有名的校勘学家。张之洞《书目答问》附《国朝著述诸家姓名略》把他列入清代校勘学家三十一人之中，反映了清末学人对他的看法。近人蔡冠洛在《清代七百名人传》中说："丕烈博学赡闻，寝食于古……尤精校勘之学，所校《周礼郑氏注》《夏小正》《国语》《国策》，皆有功来学。"以上几部精校的古籍，都收入黄氏《士礼居丛书》中，从《士礼居丛书》校勘札记里，可以看出他校勘考证的功力。如《战国策·赵四》"左师触龙"条记：

> 吴氏补曰：史作龙。按《说苑》鲁哀公问孔子，夏桀之臣有左师触龙者，谄谀不止。人名或有同者，此当从耆，以别之。

第十一章　黄丕烈对古籍的收藏与整理

> 丕烈按：吴说非也，当作龙。《古今人名表》中下云：左师触龙。即此"言"字本下属"愿见"，读误，合二字为一。《史记》云：触龙言愿见。不误。[1]

他经过分析，指出"触詟"乃"触龙言"后两字合为一字之误。近年从长沙马王堆出土的帛书实物，证明他二百年前所做的这个考证是正确的。

他校勘考证的著述除《士礼居丛书》校勘札记外，还遍及各种题跋、杂著。后人为他编辑的《士礼居

黄丕烈藏书题跋手迹

---

[1] 黄丕烈：《重刻剡川姚氏本〈战国策〉札记》，见《战国策》，上海古籍出版社 2015 年版，第 460 页。

藏书题跋记》中，就有许多精审的校勘起到正误、补阙的作用。其中，仅对目录书的补正，便涉及晁公武的《郡斋读书志》、焦竑的《经籍志》、叶盛的《箓竹堂书目》、钱大昕的《补元史艺文志》，乃至清代权威的目录学著作《四库总目》。以校《新雕注解珞琭子三命消息赋》五卷为例，黄丕烈作跋指出："标显李仝注、东方明疏，可补《晁志》脱注人姓名及东方明之失，并正《焦志》'朔'字之误，'十'字之误。"从而纠正了焦竑《经籍志》将注疏者东方明误为东方朔，将卷数五卷误为十卷；晁公武《郡斋读书志》缺载注疏人姓名的失误。

对于其他书籍，他也常有校正。《列子》注释有张湛注解、殷敬顺释文，后世常将注解与释文相混。卢文弨《群书拾补》曾校勘张湛注解，但错认殷敬顺释文为注，黄丕烈指出："如'贾逵姓氏英览'、'用碁十二枚'二条，尚误认释文为注，坐藏书不多故也。而余幸藏有宋板矣……"[1] 因宋本刻印时只有张湛注解，尚无殷敬顺释文，所以他确有证据地校正了这个

---

[1] 黄丕烈著，潘祖荫辑，周少川点校：《士礼居藏书题跋记》，第171页。

第十一章　黄丕烈对古籍的收藏与整理

错误。有些旧刻书,虽然堪称善本,但也难免出现校刻上的错误。如黄氏校元刻《孟浩然诗集》时曰:"余取旧藏元刻刘须溪批点本手勘一过,知彼此善恶,奚啻霄壤。非特强分门类,不复合三卷原次序,且脱所不当脱,如《岁晚归南山作》,《新唐书》所云浩然自诵所有诗也,元刻在所缺诗中。衍所不当衍,如《岁除夜有怀》,明知《众妙集》中为崔涂诗也。"[1] 这里对元刻本的校勘切中要害,言之有据,从而使旧刻善本更臻完善。

黄丕烈的校勘,并非简单的"句勘字比""钩勒行款",除注意不同刻本的字句勘对外,还非常重视利用其他书籍的内容进行考证。他说:"古书原委,必藉它书以证明之。"[2] 在一些校勘札记里可看出,他考证时还很注意金石实物,以扩充其考订佐证材料的范围,这就大大提高了校勘成果的学术价值和准确性。他的校勘,大致是先探求各书的源流,校对与本书的异同,然后参考它书,并查找它书引用本书的内容,校出问

---

[1] 黄丕烈著,潘祖荫辑,周少川点校:《士礼居藏书题跋记》,第190页。
[2] 缪荃孙:《荛圃藏书题识序》,见《黄丕烈藏书题跋集》,上海古籍出版社2013年版,第4页。

题后不改动原书，而是在校勘记中作说明、考证，有时还作详细疏解和训诂，大都能有独创见解。

他校书，主要使用"死校"的方法。"死校"与"活校"是古人校书、处理校勘结果的两种不同形式。叶德辉曾解释说："死校者，据此本以校彼本，一行几字，钩乙如其书；一点一划，照录而不改。虽有误字，必存原文。顾千里广圻、黄荛圃丕烈所刻之书是也。活校者，以群书所引，改其误字，补其阙文。又或错举他刻，择善而从；择善而从，版归一式。卢抱经文弨、孙渊如星衍所刻之书是也。"[1] 对于"死校"法，有人认为不如"活校"能够释疑正读，明确去取。当然，在今天整理古籍的工作中，为了读者方便，往往采取"活校"法进行校勘，并用方括号的形式改补原书[2]。但是应该了解，"死校"是"活校"的基础，必须先有"死校"，才能进行"活校"，所以"死校"也不失为校勘的重要手法。

---

[1] 叶德辉：《藏书十约》，见《澹生堂藏书约（外八种）》，上海古籍出版社2005年版，第50页。

[2] 例如中华书局校点二十四史，校改之处，圆括号内表示删去，方括号内表示改正或者增补。

第十一章　黄丕烈对古籍的收藏与整理

黄氏对古书文字异同的处理采取十分谨慎的态度，他说："读天下书未遍，不可乱下雌黄，此校书不可不慎也。且人生才识有限，安能读尽其书。"[1]这句话说明他采用"死校"法校书的原因，也反映了一种老老实实的治学态度。他反对在校书时任意填改古书的做法，认为："凡旧板印久模糊，最忌以新本填补。"[2]因为在未经详密考证的情况下填改古书，往往会造成错误。明代学人在校书、刻书时喜欢随便改动古书，出现了不少谬误，清代朴学学者大力纠正明人偏弊，提倡审慎地处理疑字异文，不轻易改动古书，黄丕烈和顾广圻采用"死校"法校勘古籍，正是出于这种目的，他们校书的方法和态度，受到当时许多学者的赞扬。就是以"活校"法著称的段玉裁也并不排斥"死校"，他说："荛圃附之考证，持赠同人，此存古之盛心，读书之善法也。古书之坏于不校者固多，坏于校者尤多；坏于不校者以校治之，坏于校者久且不可治。邢子曰：'误书思之，更是一适。'以善思为适，不闻

---

[1] 黄丕烈著，潘祖荫辑，周少川点校：《士礼居藏书题跋记》，第282页。
[2] 黄丕烈撰，余鸣鸿、占旭东点校：《黄丕烈藏书题跋集》，第1038页。

以擅改为适也。"[1]可见他不但没有轻视黄氏的"死校",反而推其为"读书之善法",并对擅改古书的流弊作了批评。

古人的校勘,是将"死校"和"活校"两种方法交叉运用的,并没有截然分成水平不同的两个阶段。因此,单凭"死校"与"活校"方式的不同,并不能判断水平孰高孰低,关键在于看是否有考证原委,正确判明谬误的过程。而顾广圻和黄丕烈为了矫正明代以后乱改古书的风气,力主"死校",保存古籍的本来面目,这点苦心是可以理解的。同时,在宋刻书流传日少的情况下,他们用"死校"之法,将宋元刻本校于近刻本上,一字不易,在近刻本上留下宋版书的原貌,得以传授后学,供人研究,这也是一件非常有益的事情。

三、编目、题跋:鉴定版本追述授受源流

黄丕烈还是著名的版本目录学家。他在收藏、校勘古籍的同时,编制多部专记古籍善本的目录书,撰

---

[1] 段玉裁撰,钟敬华校点:《经韵楼集附补编年谱》,上海古籍出版社2008年版,第191页。

第十一章　黄丕烈对古籍的收藏与整理

写了大量的藏书题跋。在目录、题跋中，他阐述自己鉴定书籍版本的过程和经验，追述古书授受流传的源流，丰富了清代版本目录学的内容，推动这一学科的进展。因此当代目录学家姚名达先生称他为清代"版本学之泰斗"[1]，袁同礼先生也在《清代私家藏书概略》中指出："荛圃治目录学极精审，赏鉴之名冠天下，俨然目录学之盟主也。"[2]

黄丕烈编制的版本目录书有如下几部：

第一部是他四十二岁时编成的《百宋一廛书录》，此目专载他收藏的宋本书一百一十二种。这是一部解题目录，解题对所收宋本书的流传、存佚情况详加记载，缕析条源，内容非常充实。

第二部目录书是《百宋一廛赋注》。最初，他请顾广圻作《百宋一廛赋》，以诗赋的形式，介绍黄氏"百宋一廛"书屋所贮的宋刻书一百二十二种；后来，他又自己为赋作注，进一步说明这些宋刻书的版本优劣及流传过程。《续修四库全书提要》认为此书"于宋本之行款字数，以及其本之优劣，曾为某氏所藏，原原

---

[1] 姚名达：《中国目录学史》，上海古籍出版社2011年版，第337页。
[2] 袁同礼：《清代私家藏书概略》《图书馆学季刊》1926年第1期。

本本，靡不缕列。固研求目录版本学者，不可少之书也。"[1]

第三部目录是他五十岁时所撰写的《求古居宋本书目》。"求古居"也是他的斋号，这部目录登载了他当时收藏的宋椠本一百八十七种，对如此众多的宋刻本在当时的存佚、残缺情况，一一作了详细介绍。由于黄藏宋刻书数量多，所以这部书目在一定程度上反映出当时民间宋版书的流传情况。

他还撰写过一部规模较大的目录书，名曰《所见古书录》。此书虽不见传，但在其题跋中屡有记载，如曰："近拟辑《所见古书录》，自序云：编残简断，市希骏骨之来；墨敝纸渝，窥诩豹斑之见。"[2] 又曰："向有《所见古书录》之辑，将所藏书为正编，所见而未藏者为附编，悉载诸家藏书源流。"[3]《士礼居藏书题跋记》卷二跋《东京梦华录》、卷六跋《陈众仲文集》还有关于《所见古书录》的记载。此外，近人张钧衡在

---

[1] 《续修四库全书提要》，《百宋一廛赋注》条。
[2] 黄丕烈著，潘祖荫辑，周少川点校：《士礼居藏书题跋记》，第34页。《元统元年进士题名录》跋，跋于乾隆六十年乙卯（1795）。
[3] 黄丕烈著，潘祖荫辑，周少川点校：《士礼居藏书题跋记》，第136页。《珩璜新论》跋，跋于道光四年甲申（1824）。

第十一章　黄丕烈对古籍的收藏与整理

跋《百宋一廛书录》中说："（荛圃）撰《所见古书录》，专论各本，以宋椠一，元椠二，毛钞三，旧钞四，杂旧刻五，并未编定，身后瞿木夫分为二十卷，稿本归陆存斋，亦售与日本岩崎氏。"[1] 从以上材料我们可以看出：

（一）黄丕烈确实编过《所见古书录》，编书时间始于乾隆六十年，即他三十二岁之后；在去世前，此书基本成形，但他并不愿意就此停笔，仍想尽其有生之年将所见古书逐一增入，所以直到他去世时，尚未最后定稿。身后由瞿氏整理、编定，稿本由陆心源收藏，最后随皕宋楼藏书一同流往日本。

（二）《所见古书录》分正、附二编，正编为所见所藏，附编为所见未藏，各编又分宋椠、元椠、毛钞、旧钞、杂旧刻五类，依次分列，共二十卷。

（三）内容除论次各书版本外，还记载书籍的流传，授受源流等。以他藏书之丰，通假之广，交友之众，可以想见此版本目录学巨编必充分反映清代前、中期

---

[1] 张钧衡：《百宋一廛书录跋》，见《黄丕烈藏书题跋集》，上海古籍出版社2013年版，第1046页。陆存斋即陆心源，清季浙江大藏书家，收藏达15万卷。有名的书楼号皕宋楼，其后人不能守业，将此楼藏书全部卖给日本岩崎氏。

的古籍状况。

据日本人岛田翰自述,他曾在陆心源皕宋楼读过《所见古书录》[1],可见皕宋楼确实收藏过这部目录。可惜皕宋楼的藏书全部转卖给日本岩崎氏静嘉堂,因此未及刊行的《所见古书录》不在国内流传。今后能否对这部目录学巨编进行发掘和利用,还有待于中日学者的共同努力,以期对人类文明史的研究增加一份有价值的资料。

以上所述都是他的版本目录学专著。这些目录书的编撰,一方面以注重版本,考订篇目完缺,授受源流为目的,让后来学者了解古书的不同版本和流传情况,知道孰全孰缺,孰优孰劣,既可校勘讹误,补足全本,又可避免读误书而妨害学术研究。另一方面,黄氏继清初钱曾《读书敏求记》之后,通过对版本目录的编制,进一步推动了清代学者鉴定版本、追求善本的风气,在他以后,善本书目的撰写日益增多,他在版本目录上的学术成就,直接影响到清代瞿、杨、陆、丁四大善本书目的体例和内容。由于善本书目的不断

---

[1] 〔日〕岛田翰:《皕宋楼藏书源流考》,见《澹生堂藏书约(外八种)》,上海古籍出版社2005年版,第30页。

第十一章　黄丕烈对古籍的收藏与整理

出现，从而使更多的古籍善本得到保护、整理和流传，而清代学者搜求善本书的兴趣也越来越浓，乃至波及海外。

如果说黄氏在版本目录的研究、编制上，对清代中后期整理古籍的活动有一定影响的话，那么，他数十年来"积晦明风雨之勤，夺饮食男女之欲，以沈冥其中"[1]，辛苦创作的近千篇藏书题跋，就更能体现他鉴定版本，追述书籍授受源流的功力。他的藏书题跋为古典目录学的研究提供了极为丰富广泛的题材，其中最为精要的，是清代学者潘祖荫为黄氏题跋编辑的《士礼居藏书题跋记》。这部题跋集最主要的学术价值在于版本学方面的论述，集中记述了如何利用宋代避讳、书籍木记、纸张、刻书的字体、编书体例及前人的有关论述，分析鉴别宋刻本的方法。同时也介绍了识别元版、铜活字版、手抄本的经验。在版本鉴别的基础上，黄氏对各种古籍善本进行了分析。《士礼居藏书题跋记》对版本学的研究，在当时达到前所未有的深度和广度。

---

[1] 叶昌炽著，王欣夫补正，徐鹏辑:《藏书纪事诗附补正》，第573页。

黄玉烈《士礼居藏书题跋记》点校本书影

除此之外，还集中反映了黄氏校勘古籍的经验体会以及校书的成果，反映了古籍的授受源流及书林史话。对于这部题跋集学术价值的详细分析，可见拙文《〈士礼居藏书题跋记〉的学术贡献》[1]，本文在此就不作赘述了。

---

[1] 周少川:《〈士礼居藏书题跋记〉的学术贡献》《文献》1989年第1期。

第十二章　丁日昌与持静斋藏书

丁日昌是清末历史名人,他出生于潮汕地区,活跃于全国政坛,至今潮汕民间还流传着许多有关"丁大人"的脍炙人口的故事。以往对丁日昌的研究,多着意于他的政绩,而忽视了他在清末文化事业中的成就。

一、丁日昌的藏书

其实,丁日昌不仅是一位精明干练的政治家,还是清末屈指可数的大藏书家。由于他在吏治和洋务运动中的突出表现,使其收藏古籍方面的成就往往被吏才所掩,以往论丁日昌者于此语焉不详或不曾涉及,这不能不说是对丁日昌研究的一大缺陷。本文拟评述他收藏古籍、编制书目等一系列文化活动，以期拓宽对丁日昌研究的领域。

丁氏藏书在清季是闻名海内的。他的藏书楼以字为号，曰"持静斋"。后来，也称"实事求是斋"及"百兰山馆"。丁氏幼年就以博闻强记、过目成诵著称。成年之后，他能在吏治与洋务运动中立下赫赫政绩，与其淹通经史、苦读群书的知识积累密切相关。中年以后，他对书籍的兴趣越来越浓，公务之余，手不释卷，并由此开始了对图书的购买、收藏及整理等一系列活动。他曾吟诗自述曰："中岁嗜古籍，简编时在手。佞宋复佞元，第恨乏科斗。"[1]这些诗句，反映出他藏书的开端及对宋元旧刻的嗜好。

丁日昌的藏书，始于上海任苏松太道之际。藏书活动的肇始，既有主观上的需要，又有客观条件的影响。主观上随着丁氏官阶的擢升，为了应付日益繁重的政务，更为了在当时国势日下的危机中探求一条自强的道路，他迫切需要提高自身的修养，以求稽古济世，通达应变。客观上，丁氏任职数年的江南，正是

---

[1] 丁日昌：《百兰山馆诗·园居杂咏》，赵春晨编《丁日昌集》下，上海古籍出版社2010年版，第1175页。

第十二章　丁日昌与持静斋藏书

清代藏书文化的中心，士人官绅好古耽书已成风气，各类珍本、善本书的流布也比较丰富。这种环境自然培养了他藏书的兴趣，也为他大规模地收藏古籍提供了便利条件。

《丰顺县志》卷六说"丁日昌性嗜书，得宋元板精本，节俸购归之"。丁氏持静斋的藏书，主要来源于如下几个渠道。其一，收自江南各名家流散在外的零星藏书。从《持静斋书目》看其收购的范围相当广泛，上至一批藏书前辈珍藏的余绪，下至当时藏家散出的部分书籍。举其要者，如江苏季振宜、红豆山房惠栋、爱日精庐张金吾，及吴翌凤、王芑孙的藏书；浙江礼陶斋周春、抱经堂卢文弨、向山阁陈鳣、吟香山馆马瀛的藏书。这些藏书多为古刻旧钞，且经名家批校，弥足宝贵。其二，集中收购苏州藏书家顾沅的一批藏书。顾沅，字湘舟，苏州人，家居称"辟疆园"，藏书楼曰怀古书屋、艺海楼，收藏古籍与金石文物甚富。杨钟义称："顾湘舟艺海楼藏书不及《四库》六百余种，而《四库》未收二千余种，亦吴下嗜古之巨擘也。"[1] 太

---

[1] 杨钟义：《雪桥诗话》三集，北京古籍出版社1991年版，第476页。

平军扫荡江南后,顾沅无心藏书,收藏逐渐散出,为丁日昌所得。叶昌炽在《藏书纪事诗》卷六中曰:"顾湘舟辟疆园在郡城甫桥西街,庚申之劫,其所藏尽为丰顺丁中丞捆载以去。《持静斋书目》所著录,多其家书也。"检《持静斋书目》,丁氏所得艺海楼藏书,旧钞本居多。其三,得自上海大藏书家郁松年的收藏。郁松年,字万枝,号泰峰,上海人,藏书楼号"宜稼堂"。《同治上海县志》卷二一记其:"好读书,购藏数十万卷,手自校雠。"郁氏藏书有渊源。清人陈奂曰:"松年饶于财,凡宋人典籍,有未刻或刻而板废者,不惜重资以罗置邺架。吴门黄氏百宋一廛所藏,归山塘汪阆源家,近亦散布而入沪渎矣。"[1] 汪阆源即汪士钟,藏书楼"艺芸书舍"所收典籍,皆清中叶苏州四大藏书家——士礼居黄丕烈、水月亭周香严、小读书堆顾之逵、五研楼袁廷梼的宋元旧刻及名校旧钞。道光末年,艺芸书舍藏书已逐渐流散,往往归山东杨以增海源阁;咸丰初年,大批宋元旧刻为郁氏宜稼堂所得。咸丰末年,太平军与清军在江南作战,宜稼堂藏书在郁松年

---

[1] 陈奂:《师友渊源记》《丛书集成续编》第247册,新文丰出版公司1988年版,第211—212页。

第十二章　丁日昌与持静斋藏书

身后不守，于同治初散失殆尽，除被山东杨绍和、浙江陆心源收去部分外，宋元旧刻的精华为丁日昌购得。检《持静斋书目》，主要的宋元刻本皆为宜稼堂旧藏，而这些珍本的授受源流，又可直溯到清中叶的黄、周、顾、袁四大藏书名家。因此，丁氏持静斋藏书的精良，在清末是堪称一流的。

有关丁氏对宜稼堂藏书的收购，书林中颇有訾议，以为是一种巧取豪夺。此说始于丁日昌原来的好友，浙江藏书家陆心源。他在《元刊元印玉海跋》中曰："雨生介绍应敏斋廉访至郁氏阅书，自取架上宋元刊本五十余种，令材官骑士担负而趋。时泰峰已故，家已中落，诸孙尚幼，率其婿妇追及于门，雨生不能夺，取其卷帙少者自置舆中，其卷帙多者，仅携首帙而去，后经应敏斋调停，以宋刊世綵堂《韩文》、程大昌《禹贡论》《九朝编年》《毛诗要义》《仪礼要义》、金刊《地理新书》等十种为赠，余仍返璧。"[1]陆氏这段惟妙惟肖的描述，让人看来似乎确有抢书一事，其实并不可信。首先，陆氏所谓"豪夺"之说，只是从一位书贾听来

---

[1] 陆心源:《元刊元印玉海跋》《仪顾堂续跋》卷一一，中华书局2006年版，第324页。

的传闻，并非自郁家了解的事实，没有确凿的根据。其次，据陆氏所述，丁日昌到郁家观书，是通过当地书贾应敏斋一同前往，而且是"廉访"。很难看出有大吏光临，仗势豪夺的意思。买方到卖方观书，由中间人陪同，观书籍优劣，一起议定价钱，这是当时书林中访书、购书的一般规矩。有的书价不能面议，买主可携回样本，反复鉴别，再做决定，这也是情理中事。如果丁日昌有强夺之心，何必偕应敏斋同行，又何须"廉访"呢？由此可见，陆氏叙述的事情经过，已有前后自相矛盾之嫌。再次，郁氏宜稼堂藏书在丁氏任职上海之前就已经散出，在家道中落的情况下，变卖书籍是一种自救的应急手段，并非为丁逼迫所致。郁氏书籍散出时，陆心源还在福建任中，待其返回江南，宋元精本已为丁氏购得，陆氏所收宜稼堂藏书四万余册。古刻善本较少。因此，他耿耿于怀，昔日"相见若平生"的好友，"竟以争搜古书成隙"[1]。苏州藏书家蒋凤藻在为郁松年《宜稼堂书目》作注时说："郁氏家不欲零售。心源时在闽，迨归，《毛诗》等精椠已为禹

---

[1] 陆心源：《元刊元印玉海跋》《仪顾堂续跋》卷一一，中华书局2006年版，第324页。

生所得，故大慊之。心源因宋元本数种，欲狺狺曲成之，适成其市道之薄而已。"蒋是与丁、陆同时的藏书家，以其所知而论，既驳斥了陆氏无中生有的狺狺之言，又批评了他借传闻以泄私忿的不够光明正大的作法。蒋凤藻的评说，是对丁氏购书宜稼堂这一事实的有力辩白。

持静斋聚书选胜，签藏盈架。清季版本目录学家莫友芝常代丁氏搜访古籍，对持静斋的收藏十分了解。他曾为丁氏编撰《持静斋藏书记要》，并在序中说："东南文籍，夙称美备，镇、扬、杭三阁又得副天府储藏。军兴以来，散亡殆尽，吾中丞锐意时艰，力振颓弊，而敷政余间即典册不去手。计十年蒐集，除重复可十万卷。其中宋元善刻及旧钞大部小编单秘无行本者，且居十之三四，于乎富哉！"这段话对持静斋的收藏状况作了简明扼要的概述。丁氏所蓄十万卷藏书中，最精良者有如下数种：

宋本《程大昌禹贡图》二卷，宋刊初印。《四库全书》所收永乐大典本仅二十八图，此书有三十图，堪称稀世鸿宝。

宋本《仪礼要义》五十卷。阮元编《十三经注疏》

和《皇清经解》曾多方搜寻而不得。

宋本《礼记集释》一百六十卷。所谓"墨宝纸光，上烛霄汉"的珍本，纳兰性德刻《通志堂经解》时只得钞本，故错舛较多，何焯《经解目录注》称此本为"其板最精者"。

宋本《汉书》一百二十卷，是北宋刻最早之本。

宋本《东都事略》一百三十卷，宋眉山程氏刊本初印。

宋本《西汉会要》七十卷、《东汉会要》四十卷。首尾完具，证钞本之失者十有一二。

宋本《韩昌黎集》，宋世綵堂精印本。

宋本《毛诗要义》三十八卷，莫友芝鉴定为郁氏宜稼堂所藏诸宋本之冠。

综上所述，可见持静斋在清代私家藏书中的重要地位，同时也反映出丁氏在珍惜古籍，保存祖国文化遗产方面所做的突出贡献。

持静斋书在丁日昌解官返籍时，皆载归故里。可惜丁氏身后，藏书就迅速流散。江标在光绪十二年（1886）作《丰顺丁氏持静斋书目题辞》时就说："闻所藏书已有出者。"至光绪三十三年（1907），广东藏书家伦明在粤地搜访持静斋藏书时,"书已尽矣"。持静斋藏书的去向,据袁同礼先生记载,大部分转归上海涵芬楼,有一些为日本商人购去,流入异国[1]。此外,还有部分书籍归广东藏书家李文田、莫伯骥所有。

二、持静斋藏书目录的学术价值

丁氏持静斋的藏书目录有三:《持静斋藏书记要》,莫友芝代编,分上下两卷。此目编成于同治九年(1870),其编纂目的,据莫友芝所言,在于"举传本稀见,指述大略"[2]。故所收书较少,居持静斋收藏十分之三四。此目为解题目录,按版本分类,先录宋本十二种,次录元本十八种,再录明本与手钞本,明本、钞本的著录按四部分类。

《持静斋书目》四卷,续增一卷,共五卷,丁日昌与其门人编撰。此目为登记目录,在书名下有附注,

---

[1] 袁同礼:《清代私家藏书概略》《图书馆学季刊》,1926年第1卷第1期。
[2] 莫友芝:《持静斋藏书记要序》《持静斋藏书记要》,中华书局2012年版,第531页。

扼要介绍书籍的有关情况。按四库法分类，全目著录书籍近三千种，较为全面地反映了持静斋的收藏。

此外，还有元和江标在以上二目的基础上，于光绪二十一年（1895）重编刻印的《丰顺丁氏持静斋书目》。江氏认为原目"虽分四部而新旧杂糅"，故重编之，"以宋元校钞旧刻五类分别部居"[1]。先分宋本、元本、校本、钞本、旧刻本五类，各类再以四部区分，目的在于突出持静斋藏书的版本标识。此目仅著录持静斋藏书五百二十九部，可看作是丁日昌《持静斋书目》的选本。由于此目著录内容皆自丁目，并无其他增补，故下文的分析，则以丁编《持静斋书目》（以下称《书目》）和莫编《持静斋藏书记要》（以下称《记要》）为据。

《书目》与《记要》是清代私家目录中颇具特色的著作。首先，它们以登记目录与善本目录的形式，全面系统地介绍了持静斋在清代私家藏书中所占的重要地位，其藏书目录的学术价值也自然引人瞩目，因为据此可了解清末大批古籍的流传和保存状况，为追踪

---

[1] 江标:《丰顺丁氏持静斋书目题辞》《丰顺丁氏持静斋书目》，光绪江氏师鄦室本。

第十二章 丁日昌与持静斋藏书

和考辨某些重要典籍提供确实的依据。

其次,在著录书籍的书名、卷数、作者、残缺之外,《书目》还运用附注的形式,《记要》则以解题的形式,尽可能详尽地介绍图书各方面的情况,有时还附以考证辨误,从而大大地提高了这两部目录书的学术价值。例如,著录一种版本后,附录斋中所藏其他版本。如《书目》卷二著录"《宋史》四百九十六卷,武英殿刊本"外,附注"又明南监刊本,又粤东陈氏覆刻殿本,共二部"。卷四著录吕祖谦"《东莱集》四十卷,宋刊本"外,又附注另一部宋本"仅别集十六卷,外集、附录五卷";旧钞本"文集四十卷,附《丽泽论说》十卷";清雍正间刊本"文集二十卷"。

介绍作者及书籍内容。如:《书目》卷一著录"《朱文公易说》二十三卷,宋·朱鉴编"后,附注:"鉴为朱子之长孙,是书衷辑朱子平日论《易》之语。"《记要》卷下在《宋纪受终考》二卷的解题中曰:"专辨烛影斧声事"。

注明《四库》存目或者未收。《记要》在每书解题之后,对于《四库全书》未收的书籍,注明"存目"或"未收"字样,以便引起注意。这项注明有重要的目录意义，因为未被《四库》收入的书籍往往流传不广或利用不多，通过此项标注，提醒读者重视，有益于这类书籍的保存、流传和使用。

注明对书籍的题跋、批注、校点。前哲对书籍的题识和批校，往往有重要的学术参考价值。《书目》与《记要》在著录书籍时大量反映了前人整理研究典籍的成果，对后人深入研究和更好地使用书籍，指明了线索。

反映书籍流传，著录藏书印记。对于某些重要典籍的授受流传，《书目》与《记要》都有详细的记载，同时著录了大批藏书家的印记，包括宋元明清各代藏家。这些内容的反映，对学术界考辨藏书源流，鉴定书籍版本，皆有较高的价值。

考证辨误。《书目》和《记要》不仅纤悉载录书籍的各种状况，还深入进行考订，纠正了前人著录有关书籍的错误。如《书目》卷一著录"《周易旁注》四册，旧钞本"后，在附注中考订曰："《四库存目》收其《图说》二卷，谓其注已逸。此本一册为图说，三册为注，盖犹完书也。"《记要》卷上在《金陀粹编》二十八卷，续编三十卷，岳珂撰条下曰："《岳忠武王文集》十卷，珂悉载《粹编》中,为卷之十至十九。《四库》录《忠武遗文》仅一卷,为明徐阶所编,谓十卷本已不传。检核是编,固完善无恙也。"卷下在"《道德真经注疏》八卷,题吴郡征士顾欢述依道藏本过录"条下,改"顾欢述"为"眠山道士张君相"。如此等等,不一而足。

最后,《书目》和《记要》是功力独到的版本目录。在目录中,除对书籍的刻本及其初刻、重刻、重印、修版等情况做介绍外,还对书籍的版式、行款、纸张、木记、字样、墨色、避讳等有关版本的内容有详细的说明。记一书,其书之形状如在眼前。在目录中,作者还常常对书籍的版本优劣作出品评,为后学利用书籍指示途径。如《记要》评宋本《毛诗要义》是:"首尾完整,神明涣然,诚无上秘籍也。"《书目》卷一评宋本《说文解字》曰:"端庄流丽。是为北宋板最古之本,真无上上品也。"而对一些版本不精的书籍,尽管属宋元古刻,也客观地作出批评,并不因该书为斋中收藏而作出任何回护。例如《书目》卷一评元本《诗经疏义》,就直言此书"不甚精"。《记要》评元本《管子》时,也指出此书"刊印不工"。类似以上的评价,虽言语不多,但皆经眼实物后作出的结论,非泛泛空谈,故能为后人所重视。《书目》与《记要》对书籍版本的记载和评述为学术界鉴别有关古籍的版本，提供了丰富的资料。其著录的古籍有些如今已经散逸或者残阙，学者赖此可考察古书的本来面目。目录中有关鉴别古书版本的方法，也为当时版本学的发展增添了新的内容。

要言之，《书目》与《记要》不仅为世人全面地介绍了丁日昌的私人藏书，而且在目录学、版本学上也有所建树。从这个意义上讲，书目的编撰和刊行，又是丁日昌对清末学术文化的一种贡献。